集まって住む「終の住処」

自分の意思で暮らし続ける知恵と工夫

齊藤祐子

農文協

はじめに

◉生きる原点としての住まい

　住まいを原点に建築の仕事を続けてきた。生きる場所をつくる仕事として設計を考えると、住まいをつくることは個人の居場所と街づくりの基本であるといえる。設計を始めた頃は、子どもの小学校入学を機会に、生活の場を定めて、住居を建てる人からの相談が多かった。未来への子育てを考えた住まいである。家族と子どもの関係をどのようにつくっていくか、地域の活動の場を住まいのなかにつくれないだろうかといったことが課題であった。住まいの間取りや動線[★1]が、会話を生んだり、適度な距離をつくったり、あるいはトラブルの種になったり、人間関係に大きな影響を与える。家族が集まる居間を通って子ども部屋に入るようにするだけで、親子だけではなく、子どもの友だちとも自然に顔を会わせ、会話の機会は増える。思春期になっても親子の関係が途切れないように、後押しするのも住まいの力である。

　家族がひとつになって生活時間を共有する時期は、振り返ってみると短い。当時幼かった子どもたちも成人して、独立したり社会に出て外で活動するようになると、家で過ごす時間は短くなる。そして、気が付くと、夫婦だけが家にいる時間が増え、家も一緒に老いてくる。若い頃設計した家のクライアントから、老後のためにメンテナンスや増改築を依

★1　人が歩く経路

頼された家が幾つかある。

近年、高齢者の生活を考える住居を提案する機会が増えている。高齢になった親との同居や定年後の活動のための住まいなど、高齢になっても充実した生活をするために、自宅を改装したり建て直す仕事が増えてきた。高齢になってからの新たな活動のため、そして将来、車椅子が必要になっても自宅で暮らし続けられるように、「終《つい》の住処《すみか》」を考えてほしいという依頼である。

「終の住処・ついのすみか」とは、「終生住んでいるべきところ、最後に住む所、死後に落ち着く所」と『広辞苑』には書かれている。「住処・すみか」とは「住むところ、すまい」、「住む、棲む、栖む・すむ」とは「生物が巣と定めたところで生活を営む意」である。メメント・モリ★2は死を覚悟して生きることであるが、生きるために自分にとってほんとうに大切なものは何かを考えて暮らす場所が「終の住処」である。

「住まい」は生物として生活を営む場所、命を育む誕生の場所であり、死を迎える看取りの場所であった。住まいとは生まれてから死ぬまで、すべてを受け入れるところである。けれど、いつからか、出産も看取りも住まいから排除されて久しい。命が見えなくなり、育み、生産し、つくる行為が見えなくなり、現代の住まいは消費の場所になっている。

けれど、社会がどんなに変化しても住まいが生きる場所であることに変わりはない。そして、自分自身の死をしっかりと見つめながら、最期まで納得した生き方をする意思があって初めて、終の住処を現実に思い描き、語ることができる。死を受け止めながら生きるという現実から目をそらさずに、高齢になってもどこで、誰と生きていくのか、自分の意思で終の住処を実現していきたい。

そんな高齢者の住まいを考えてきた経験から「病院や施設ではない、住まいとしての高齢者の生活の場をつくりたい」という思いで、認知症高齢者のグループホームや小規模多

★2　memento mori　ラテン語で「いつか必ず死ぬ存在であることを忘れるな」という警告。古代では今を楽しめと解釈されたこともあるが、キリスト教世界で死を意識する意味が大きくなった。

機能型居宅介護事業所など、高齢者が集まって住む環境を考え、設計する機会もあった。

　同時に、私自身の生活も変化した。三〇代は子育てをしながら仕事に追われ、四〇代は離婚をしてシングルになり、ますます仕事の比重が大きくなった。五〇代になって、子どもも独立して一息ついたが、同居している両親も高齢になり、いよいよ介護が自分の問題として、日常の生活に入ってきた。周りを見回しても、まさに親の介護をさまざまなかたちで抱えている。少子高齢化社会をこれから生き抜かなくてはならない。

　この時代をとにかく納得して生きるためにはどうしたらよいのか、高齢者の生活や住まいの選択肢は果たして広がっているのか、街や地域の人間関係はこれからどうなっていくのか、こうした問いを自分自身の問題として考える世代となった。

◉家族の変化、地域の変化

　家族の関係は戦後五〇年で大きく変化した。戦前生まれの親世代は兄弟姉妹も多く、多世代の大家族のなかで育ってきた。戦後、核家族が増え、子どもの数も急激に少なくなった。大家族から核家族へ、そしてシングルライフへと変わりつつある。またライフサイクルも、戦前は夫婦と子ども五人、平均寿命は六〇代であったのが、戦後は夫婦と子ども二人、平均寿命は八〇代へと変化している。子育てが終わってからの人生が一〇年から三〇年へと急に長くなった。同時に、結婚をしない生き方を選択する若者とともに、離婚や配偶者と死別したシングルも増加している。

　戦後生まれの私たちの世代は、急激な社会変化のなかで大家族と核家族の生活、その両方を見て育った。私自身は祖父母と同居の三世代の生活であった。地域社会の人間関係のなかに家族があり、三世代では家族のなかにも社会としてのルールがある。祖父母を中心に親戚が集まると、従兄弟《いとこ》たちと賑やかに過ごした楽しい思い出がたくさんある。けれど核家族の生活には大家族にはない自由な空気を感じ、うらやましく感じたこともあった。

もうひとつ多世代の暮らしのなかで実感するのは、家族関係の相対化である。人間関係が複雑になり、多様性が生まれる。多世代のなかでは父母は絶対の存在とはならない。子どもにとっての親は祖父母にとっては子どもであり、その関係は歳をとっても変わらない。祖父母から親の子どもの頃の話を面白おかしく聞かされることで、関係が広がっていく。

親子の価値観のずれは、幼児の頃から始まる。親が食べさせたいお菓子と子どもがほしがるお菓子は違ってくる。子どもにとって親の判断は強い。けれど、多世代の生活のなかでは、親もまた祖父母との考えの違いにぶつかる。そんな姿が見えると、子どもながらに親の立場に同情したり、批判したりすることができる。親は絶対的な存在ではなく、相対的な役割を果たすようになる。

子どもの頃、「おばあちゃんが死んだらこの箪笥《たんす》ちょうだいね」と、従兄弟たちと競って祖父母にねだったものだ。両親よりも甘えることができる祖父母は、長生きしてほしい。けれど年をとっているので先に死んでしまうと、子ども心に死を抽象的に描く。そして、実際に祖父母の死によって、大切なものを失うという大きな経験をする。あたりまえに在り続けたものが永遠に失われること。祖父母の死は、私にとって明日もあると信じていた人が、突然姿を消してしまう初めての経験であった。そして、それでも時間は流れ、日常の変わらぬ生活が続く現実を実感した。

祖父母が亡くなっても、一緒に暮らした住居は世代を超えて住み継がれた。そこには、祖父母の生きた場所、祖父母の築いた場所が生き続けていた。住居は人の一生、生きる時間を超えて残され、伝えられる。かたちある建築や住まいは現在に過去を伝え続ける。人の意志や思いを伝える力をもっている。

同じように、住まいを取り巻く街も生き物のように変化し続ける。建物は建て替えられ、人も変わっていく。多世代が同居して暮らす地域では、血縁だけではない地縁の小さな社会があった。家と地域との境界は曖昧で、家のなかにも社会が入ってくる。住まいは地域社会の職人ネットワークのなかで建設され、その後も手入れをし、住み継いでいくことが、地域に住むことであった。けれど、住まいは建てるものから商品として買うものへと時代は大きく変化し、最近は生きるために築いてきた街を壊しているようにさえ感じる。車優先で道路を整備する都市計画は、街の姿を変え続けてきた。道路を拡幅整備することで、時間をかけて築いてきた生活を壊し、街並みや商店街、そこで営まれてきたコミュニティーが姿を消してゆく。

住まいや街は人間関係も含め、時間をかけて築かれるものだ。私たちはこれから先どのようにしたら時間を積み重ねてきた街で暮らし、子どもを育て、高齢になっても住み続け、生きていくことができるのだろうか。超高層マンションから見下ろすと、人もそこで営まれている生活も小さな点にしか見えない。周囲の空き地にはビル風が吹き、車の通りも多く、人が集まってのんびりと過ごす広場は見えない。私たちは杖をついても安心して歩け、車椅子でも気軽に出かけられる街で暮らしたい。

高齢者の住まいの問題を考えていくと、街の変化や住まいと家族の問題、そして人と人のつながりについて、本質的な課題が次々に見えてくる。地域や住まいの問題は高齢者だけではなく、若者にとっても、子どもにとってもかけがえのない大切なことである。私たちはひとりでは生きられない。だから支え合って生きる場所をどのようにしたらつくっていけるのか、それが今を生きる私たちの大きな課題である。人とのつながりをつくること、住まいを街や地域に開いていくこと。住まいの問題は、私たちがどのようにして支えあって生きるかを考えることに、原点でつながっている。

本書はそんな思いから私が実際に設計者として関わった具体的な事例を主な題材としな

がら、「集まって住む終の住処」について、考えたことをまとめたものである。

◉少子高齢化社会の現実

二〇〇八年、高齢者医療制度の改革実施によって、高齢者が社会でどのように扱われているかが、浮き彫りになっている。七〇代、八〇代で元気に社会活動をしている高齢者はたくさんいる。けれど二〇〇八年度に実施された医療制度のなかで、七五歳からを「後期高齢者」と位置づけられていることを初めて知った人も多かった。まだまだ元気に活動しているつもりが、いくら行政の事務的な事情であっても、社会から終末人生のラベルを貼られると、誰でも怒りに近い思いと、生きてゆくエネルギーを奪われるような気持ちになる。そんな社会の姿勢、価値観が浮き彫りになった。

戦後の高度経済成長期に、医療や福祉制度を整備して、高齢者の医療費の無料化など、老後への不安をなくし、高齢者の生活を社会がしっかりと支える福祉社会へと展開していた。けれど、平均寿命が男性七九・一九歳、女性八五・九九歳★3と伸び続け、その反面出生率は低下し、二〇〇五年を境に人口減少が始まっている。そして、一九二〇年代には五％前後であった六五歳以上の高齢者の割合は、一九五〇年代後半から増加し始め、二〇一〇年には二〇％を超え、五人にひとりの割合に達すると予想されている。社会制度の整備を追い越して急激に高齢化が進む少子高齢化社会の現在は、高齢者への医療・福祉などの経済的な負担が社会経済を圧迫する構造になっている。そして長寿を祝福する環境を奪い、高齢者が生活の不安を抱える原因をつくり出した。

古代から伝承される姥捨《おばすて》山伝説から『楢山節考』★4に描かれたように、かつては社会的な活動ができなくなった高齢者が生きていく場所はなかった。食べていかなければ生きられない、働けないものは食べられない、厳しい現実を突きつけられてきた。現代は長い間働

日本の人口ピラミッド（二〇〇六年一〇月現在）、総務省統計局

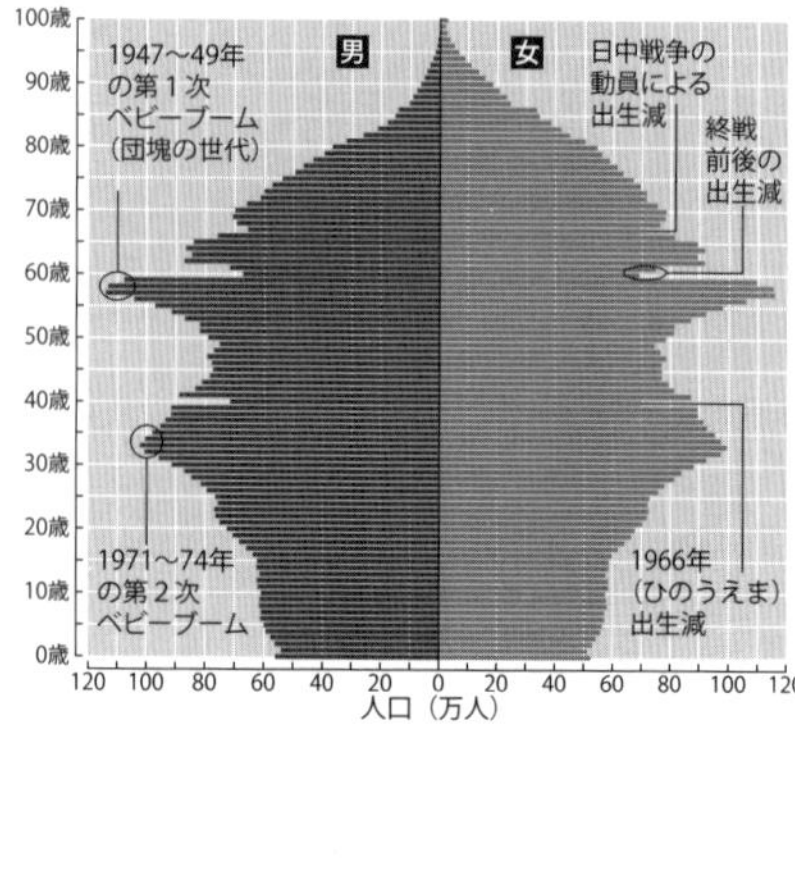

★3　平成一九年、厚生労働省発表

★4　深沢七郎の小説（一九五六年）。二度映画化された。

いてきた高齢者が安心して生活できる福祉社会を実現するために、社会制度の充実を進めてきたはずだ。

私たちの親世代が祖父母を介護した時代、高齢者の生活環境は限られていた。どんなに遠く離れていても親の面倒は子どもが看るのがあたりまえであった。家族か施設や病院かの選択しかなかった。子どもの家を転々とする生活を強いられることもあった。けれど現在は高齢になって生活する場所は多様になっている。親の介護経験の大変さから、子どもや家族に頼らずにひとりで生活することも、仲間と集まって暮らすことも自分の意志で選択することができる。

少し整理してみると、選択肢は大きく三つに分けることができる。

ひとつは高齢になっても自宅で生活を続けること。生活や介護、医療の社会的なサポートを受けて、ひとりで暮らすこともできる。高齢者の生活介護のために施設を整備する方針から、今後は在宅介護へと福祉医療政策は変わっていこうとしている。けれど、高齢になっても自力で生活できる住環境や訪問介護・看護の整備は遅れている。かつてのように、大家族の介護の手やご近所の地域ネットワークもほとんど機能しないなかで、家族の負担増と閉鎖した生活へ追い込むことになりかねない。大きな問題である。在宅の生活をサポートする社会ネットワークの再生が必要だ。在宅を支援するデイサービスや泊まることもできる宅老所、小規模多機能型居宅介護施設や事業所の整備にも力を入れる必要がある。

ふたつめの選択肢は、生活のサポートや介護を受けながら集まって住む生活環境である。高齢者向け住宅や民間のシニア向け分譲マンション、有料老人ホーム、そしてグループリビングなど居住者が自主的に運営をする共生住宅も増えている。元気なうちに仲間のいる暮らしを楽しむために、新しい生活に踏み切る選択である。

そして三つめにあげられるのが、身体的な介護が必要になったり、認知症で家族との生活ができなくなったお年寄りの生活をサポートする施設である。特別養護老人ホーム、介護老人保健施設、長期療養型医療施設などがあるが、今後は大規模施設から地域に密着した小規模施設へと移行していこうとしている。そんななかで、認知症高齢者が集まってサポートを受けながら暮らすグループホームは、入居者だけではなく、今後増え続ける認知症高齢者の地域サポートの拠点として位置付けられている。地域の高齢者と家族の在宅支援にもつながる可能性をもっている。

これからは、自分の意志で生きる場所を選択し、自分の力で仲間をつくりながら、地域や社会のサポートを受けて生活ができる環境をさらに整備しなければならない。

本書では、社会整備を先取りするように、自分が満足に生き、生活する環境を自力でつくっている、そんな覚悟を気負わずにもって暮らしている人々と、その「終の住処」を紹介している。

長寿を楽しむためには、身体能力や記憶力の衰えを受け入れながら自分のペースを大切にして、自然な生活を営むことができる住まいと街、地域環境が必要である。病を抱えながら生きることも、認知症と付き合いながら暮らすことも含めて、自分のために自分のペースで住むことができる場所が終の住処である。

◉住まいの役割

住まいのことを考えると、印象深く思い出すひとつの場面がある。一八六〇年代の南北戦争を背景に描かれた『風と共に去りぬ』[★5]の最後の場面で、多くを失い打ちのめされた主人公のスカーレットを支えるのが、生まれ育った農場タラであった。

「そうだ、明日、タラへ帰ろう。そう思うと、いくらか元気がでてきた。……ただ求めるものは、苦しみに備えて息つくべき場所、その傷をいやす静かな場所、つぎの戦いのた

★5 マーガレット・ミッチェル著、大久保康雄、竹内道之助訳、一九七〇年、河出書房新社

めに考えを練るべき隠れ家だけであった。タラのことを考えると、やさしい、ひんやりとした手で、心をそっとなでられるようだった。快く迎えてくれるまっ白な家が、紅葉した秋の木の葉の間に輝いているのが見えるようだった。」

戦争に負け、両親も亡くなり、かつての大農場の農地も荒れ果ててすべては失われてしまった。それでも「タラ」は大きな心の支えとなる「住まい」であり、生きる場所であった。

住むということは自分の居場所をつくることである。住まいは人の心と身体に触れる最も身近な建築であり、街や都市をつくる最小の構成要素でもある。

『建てること、住まうこと、考えること』[★6]と題する講演で、ハイデッガーは「住まうことは、単に明るい機能的な住居を与えられることではない。実存の基本原理である」と、語っている。またクリスチャン・ノルベルグ・シュルツは「住居とは、実存の中心的な場所、つまり幼児が己の世界内存在の理解を学びとる場所であり、人がそこから出発したりそこに回帰する、そのような場所なのである。……住居においてこそ、人間は己の同一性を見いだすのである」[★7]と述べ、住居と人間存在の深い結びつきから、住居を人が生きる上での原点として位置づけている。

さらにオットー・フリードリッヒ・ボルノウは、宗教的な中心や象徴を失った現代こそ、生きていく中心として住まいの役割が重要になっていると主張し、次のように述べる。

「住まうということは、一定の場所でそこを我が家としてくつろぎ、その場所に根を下ろし、その場所に適合していることである。……ひとは何人かの人と住まうのである。つまり、家族のなかで、〈自分に属する者たち〉といっしょに、しかし〈他の人びと〉や〈見知らぬ人びと〉からはなれて住まうのである」[★8]

お年寄りが何の防護もなしに、無防備に集団のなかに放り出されて暮らす。ひとりきりなることができない場所、あるいはひとりで閉じ込められた場所で生きている。それは自

★6 マルティン・ハイデッガー講演録、末延史行訳、私家版、一九七六年

★7 『実存・空間・建築』ノルベルグ・シュルツ著、加藤邦男訳、一九七三年、鹿島出版会

★8 『人間と空間』オットー・フリードリッヒ・ボルノウ著、大塚恵一・池川健司・中村浩平訳、一九七八年、せりか書房

宅であっても施設であっても、ほんとうの住まいとしての役割を果たす場所にはなりえず、人として生きる場所とはいえない。

高齢になっても自分自身が納得して生きるための場所を、自分の意志でつくる試み。自分だけのためではない、社会や人とのつながりをつくる場所を積極的に提案している住まいや生き方を本書では取り上げている。また、人が生きてきた記憶を辿ることのできる場所、時間のつながりを感じる場所として、住み継ぐ住まいについても述べている。そこには第三の人生への心構えがあるはずだ。成人するまでを第一の人生、社会に出てからを第二の人生、そして、子どもが成人して独立したり、定年をむかえてからの二〇年から三〇年が第三の人生である。聖路加国際病院理事長、日野原重明氏は「人間が生まれてから死ぬまでの間に、自分に問いつづけて生きることが許されるこの第三の人生こそが、その人の仕上げの人生だ」★9と、高齢になってこそ生きる姿勢を問いかけている。

住まいは実存の原点である。高齢になってこそ、どう生きるかを問いかけてみたい。そして、「集まって住む終の住処」を手がかりに、高齢者だけにとどまらず、自分の意志で住み続ける場所、街や住まい、人のつながりを見直していきたい。

一章では、高齢になっても自分の力で生活し、人のつながりをつくる住まいの工夫と事例を取り上げた。

二章では、高齢になってこそ趣味を活かし、社会的な役割を果たし、充実して生きるために建てた住まいの事例をあげ、住居と地域・人との関係を考えた。

三章では、サポートを受けて暮らす、新しい住まいの試みを取り上げた。そして、人のつながりをつくるための工夫と事例を検討した。

四章では、高齢者が活き活きと暮らしている町を訪ねた。

★9　日野原重明著『いのちの器』新装版、PHP研究所、二〇〇二年

集まって住む「終の住処」

目次

■12.5坪のSOHO

妹家族と支え合いながら暮らせる場所に、70代で建てたのは、ロフトで暮らす夢を実現して生きる、仕事中心の住居。将来1階にもベッドを置けるスペースを用意して、車椅子でも生活できるように考えた。(59頁)

■中庭のある暮らし
認知症高齢者のグループホーム「あおぞら」では生活の中心は中庭。夏には祭を行ない、ボランティアが庭の手入れをする。保育園児や学生も訪れ、若者もいるスタッフと多彩な年齢や性別の人が一緒に活動する「新しい家」である。(124頁)

■祭りの主役は入居者

恒例のグループホーム「あおぞら」の夏祭りでは、ステージに立って歌を披露したり、進行の挨拶をして来客をもてなすのは入居者である。地域の催しでもファッションショーの晴れ舞台に立ち、活動がどんどん広がっている。(124 頁)

■中庭は内と外の緩衝領域

グループホーム「あおぞら」では中庭の緑を楽しみながら暮らす。中庭は子どもたちが遊びに来たり、地域に開放している場所。いろんな人が訪れることで、閉ざされることがない刺激のある安心の住居である。(124 頁)

■スロープは生活リハビリの場所

築 40 年の縁側のある日本家屋を改装した「ふれんどりぃの郷」では、土地の大きなレベル差が悩みの種であった。小さなエレベーター塔をつくったが、長いスロープを利用者は苦もなく歩く。リハビリに最適だ。（112 頁）

■縁側で日向ぼっこ

緑の庭を眺める縁側は日本家屋の魅力のひとつだ。冬の陽だまりでお茶を飲んだり、うたた寝をしたり。高齢になっても家に閉じこもらずに外に出て、みんなで賑やかにご飯を食べる。仲間を手助けして忙しい。（112 頁）

■アトリエのある三世帯住居

夫婦とそれぞれの母が元気なうちに一緒に暮らすための三世帯住居。居間を共用スペースとして、水廻りとキッチンを備えた独立した住居が集まっている。演劇と音楽の仕事場をもつ働く住居でもある。(78 頁)

■引き戸でつながる母の住まい

夫婦と 80 代の夫の母が一緒に生活するために建てたのは、ゆるやかな共同生活ができる住居。共用の居間の隣につくった母の個室は大きな引き戸で間仕切っている。しっかりと区切ることも、つなげることもできる。(38 頁)

■人の集まる田園の住まい

50代で第三の人生を生きるために選んだ場所は、実家の田んぼの一画。引っ越してすぐに、趣味を活かしてパン教室を開いた。おいしいお茶の飲めるカフェも計画し、高床のデッキは人が集まる場所になった。（73頁）

■ギャラリーのある二世帯住居

戦前の住宅地は商店街になり、次々とビルが建つ。長年住んだ場所に１階にギャラリーのある姉妹家族二世帯の住居を建てた。ビルの谷間にコブシの木を植え、２階に二世帯をつなぐ大きな木のデッキをつくった。（67 頁）

第1章

活き活きと暮らすための知恵と工夫

第三の人生の居場所を考える

一人ひとりの一番のお気に入りの落ち着く場所、それが「住処」であった。子どもでも老人でも個室があるだけでは、自分の居場所があるとはいえない。人との関係のなかで、安全に保護されて生きることを保障されている場所が住処である。

そんな思いを強く感じる出来事が増えている。私たちが生きるための拠点「住まい」が、安心して生きる場所ではなくなっている。「自分の居場所がなかった」、最近の事件やニュースで目にした言葉である。家族との間で、仕事場や学校で、若者や高齢者が切実に感じる実感ではないだろうか。自分の居場所をつくる。自分の居場所をさがす。それが生きることであり、住まいの役割の原点でもある。けれど家庭内で起きた殺人事件が頻繁に報道さ

◉自分の居場所はどこ?

娘たちが小さい頃、大きなダンボール箱があると、ドアや窓を切り抜いてダンボールの家をつくった。部屋の片隅に置かれたダンボールの家は、子どもしかなかに入れない特別な場所になる。家のなかの部屋のなかに、もうひとつ自分のための場所ができる。「ここは私の住処《すみか》」とお気に入りだった。

そんな時期だったと思う。くつろぐときはいつもコタツに入っている祖母に、「おばあちゃんの部屋はここで、コタツは住処」といったことを思い出す。そして祖父がいつも座る椅子が、「おじいちゃんの住処」であった。子どもから見ても、「住処」はたんなる寝室や個室ではない。みんなで過ごしながら、

大きなダンボール箱に扉や窓をつけてつくる家は、子どもの遊びの定番

＊

れる。子どもが親を、親が子どもを、妻が夫を、夫が妻を……、いったい家庭では今何が起きているのか。

現代社会では、自分の力で生きていくのに二〇年前後の時間を必要とする人間にとって、生きる場所をさがし、つくり出すのは一生の仕事である。生まれてから親や家の価値観のなかで生活をし、成長すると親や兄弟姉妹と共に住む環境が自分の場所ではないと感じ始める。親の生活の枠からはみ出していくのが、子どもの成長である。自立して生活をするために生まれ育った家を出る。巣立ちの時期だ。進学や就職がひとつのきっかけになる。そして、結婚をして新しい場所をつくり、仕事の事情や子どもの就学を機会に住まいを定めるのが人生のサイクルであった。

けれど今、親から独立して、結婚をして一人前という価値観も薄れてきた。男女の差はなくなり、仕事を生きがいにシングルライフを選択することも、結婚しても子どもを持たない生き方も、子育て中心の生き方も同等の選択肢になってきている。その結果、出生率は低下し、急激な少子高齢化社会へと突き進んでいる。

また親子二世代の家族単位で、血縁とも地縁とも無縁な場所に、住まい、つまり生きる場所を定める。経済的な条件が住まいを定める大きな決定要素となっている。そして、核家族から子どもが巣立っていった後には、親だけが残されて年を重ねていく。地域も住まいも、高齢になっても住み続けることができるだろうか。戦後の高度経済成長期に開発された日本中の住宅地や集合住宅が現在抱えている大きな問題である。

震災復興のために昭和初めから建設された同潤会アパートメントは、代官山、青山、江戸川などに家族世帯用住居と単身者用住居など多種類の住戸を計画して、住み替えや独立した子どもの部屋にして、多世代が住み継ぐ場所であった。けれど戦後は核家族単位の住戸が計画されたために、単身者、若者や高齢者が共に住む場所がない。地域のなかに世代を超えた大きな循環のシステムが組み込まれなかったので、一世代で完結し、次世代へと続いていかない。

たくさんの子どもや孫に囲まれた大家族のなかで、高齢になっても子どもたちに支えられて生きる場所は、今の家にはない。子ども

ゆったりとした時間のなかで夕涼みをする島のお年寄り（奄美大島）

が巣立ち、配偶者を亡くし、高齢者の独居は増加していく。独立した子ども世帯に、高齢になった親の居場所をつくれるのだろうか。

◉自分の意思で生きる場所

高齢になってあらためて問い直すのが、自分自身のための住まい、終の住処である。自分の身体、存在をどうやって自分自身で支え、守ることができるか。自分の生きる場所を自分の意思でどのように選択するのか。第三の人生をどう生きたいか、そして、どう逝きたいか。そうした問いを自分自身に問いかけながら自分の居場所を考えることが、終の住処の選択である。

たとえ病気になっても最期まで自宅で暮らしたいと考えている高齢者は六割近い。しかし、実際に自宅で親を看ることができると考えている家族は一割程度に過ぎない。一九五〇年代は約八割が自宅で亡くなっていたが、七〇年代に病院でなくなる人が自宅を上回ってから、その比率は増加し続けてきた。現在、病院で亡くなる人は全体の八割を超えている。自宅で普通に暮らすことを望むけれど、病気や認知症などさまざまな理由で病院

や施設で暮らすお年寄りが増えてきた。

高齢者の希望と実際の数字が大きくずれている現実を前に、自分の意志で納得する生き方を貫くために、生きる場所も医療への姿勢もはっきりと決めて、そのための終の住処の準備を早くから始めている人も増えている。高齢になっても自宅で生活ができるように、水廻りなどの改装をして、車椅子でも生活ができるようにしたり、親しい人たちと支え合いながら暮らす終の住処を選択する人たちである。

◉終の住処に必要な三つの要素

高齢者に限らないが、人が活き活きと暮らしていくために住まいが果たさなければならない役割は次の三つの要素に分類できる。

一、開かれた場所であること
二、人との距離が工夫されていること
三、住まいが身体をサポートしてくれること

高齢者住宅では、まずバリアフリー、身体をサポートする機能が求められることが通常である。けれど、生きるための場所である住まいには、もっと基本的に重要なことがある。それは社会や地域とのつながりを保ち、自然の変化を感じ、人との関係を断たない住まいの環境をつくること、すなわち精神的な生き甲斐をサポートすることだ。

そこで、一番にあげたいのが「開かれた場所をつくる」ことである。安心して暮らせる安全な街や住まいは、人とのつながりがあって初めて実現する。安全を確保しようと外に対して閉鎖的になると、同時に自分自身が隔離され、孤立してしまう。近所の視線が届くこと、人の出入りがわかること、日常のなかで顔を合わせたり、挨拶の声をかけることができる場所をつくる工夫が必要である。

二番目に必要なことは、家のなかでの「人との距離の工夫」である。夫婦や親子でも毎日四六時中顔をあわせて暮らすのは、息苦しさを生み、トラブルも発生する。ひとりになることも、一緒に過ごすことも、そのときの気持ちで選択できるようにしたい。部屋の配置や建具の工夫で解決できることだ。

そして第三に必要なことが、「身体をサポートする」ことである。住まいの大きな役割は身体を保護することである。同時に刺激を与えることで、身体能力を維持するための役割を果たすこともできる。

右頁／一九二七年に建てられた代官山アパートメントは広場やお店、銭湯のある小さな街であった。取り壊し前の一九九六年撮影。

地域に開かれた場所をつくる

出入りの職人も顔を出したはずだ。勝手口からは酒屋や八百屋のご用聞きが声をかけた。住まいは地域社会につながる場所であった。

建築設計の立場でみると、住まいが商品ではなく、地域の営みのひとつであり、土地の大工さんが中心になって職人のネットワークで建設することが当たり前の時代であった。建築を仕切るのは大工の棟梁である。そして、職人のプロの眼が常に住まいに注がれていた。家の様子を気にかけて、ときどきお茶を飲みに立ち寄る。それは一種のセキュリティー・システムとしても機能していた。

「それは一番のセキュリティー。職人との付き合いを大切にするほうが、警備会社の支払いよりよっぽど人間的で安上がりなはずなのに」と、『左官礼賛』（石風社）を著した小

◉地域とつながる工夫

住まいや街が安全で安心して生活できる場所でなくなった理由は、はっきりしている。人のつながりが薄れ、助け合ったり、支え合う関係がなくなったためだ。「ありがとう」と、ひと言お礼をいってお世話になるより、お金を払って解決する気楽さを求める。そして、安全を機械に頼るようになった。人の眼がなくなることで起こる犯罪は増加している。

地域のなかでの生活が大きな比重を占めていた時代は、歩いて行き来できる距離で生活が成り立っていた。高齢者がひとりで留守番をしていても、ふらりと近所の人が訪ねてきて、家には上がらないけれど縁側でお茶を飲みながら話をしていくことが日常であった。

生垣越しにはずむ会話が、ご近所の付き合いを広げていく。＊

林澄夫さんは職人が減り続けることを嘆き、左官の手仕事の危機を訴える。

家は鍵ひとつで閉ざされた生活の器ではない。社会とつながりをもつ生活の場所である。最期まで自宅での生活を望むのなら、私たちはまずそのことを認識しなければならない。社会とのつながりを失った閉ざされた家の一室は、病院の一室と変わらない場所である。

家が閉ざされることによって起こるのが、家庭内の虐待の増加である。児童だけではない。高齢者介護の現場でも起こる。自宅で家族から虐待を受けた高齢者の四割は認知症で、介護が必要な高齢者である。そして、虐待をした家族は、息子が三七%、夫が一四%、娘が一四%、息子の妻、嫁が一〇%である（二〇〇七年厚生労働省全国調査）。

施設でも外の視線が届きにくい閉ざされた環境では虐待が起きやすい。住まいでも同じである。閉鎖的な物理的空間だけではなく、人間関係の閉塞が、将来への絶望と介護疲れ、孤立感を強め、虐待を招くという。高齢になった夫婦だけの生活や、介護される親も介護する子どもも高齢者という老老介護の余裕のない閉塞感から、自殺へと追い込まれたニュースを耳にするのは辛いことである。

かつて地域に開かれた住まいにはプライバシーがなかった。いつでも外から声がかかり、ひとりになることができなかった。しかし、家のプライバシーが確保されるようになると、今度は地域社会が見えなくなった。

開かれた住まいのかたちをどのようにこれからつくっていけばいいのか。終の住処を考えるとき、今までの家のありかただけにとらわれない、地域のネットワークをつくり出す工夫も必要である。

住まいを街に開き、地域の眼が届き、助け合える場所を住まいにつくり出す工夫がどうしても必要だ。そして、地域の見守りネットワークの必要性もますます大きくなる。

老老介護は身近な課題である。我が家も八〇代の父と七〇代の母が生活をする老老介護の家庭である。父は自分のことは自力でできるので、介護一歩手前の生活ではあるが、母の耳が遠くなっているので、意思疎通がスムーズに行なわれず、日常的にイライラして大きな声を出すことがある。そんなとき、娘である私や孫が顔を出して話を聞くだけで何もしないのに落ち着くことがたびたびある。

仕事の合間に縁側に腰掛けて一服する職人さん ＊

53-18

また、最近は認知症や入院している家族の介護をしている方が突然亡くなったという報せも増えている。ニュースで報じられる事件でも、介護に疲れて殺人に至るケースも少なくない。実際、家族ができることと家族だからできないことがある。介護の現場では、他人だから認知症になっても、今のその人を丸ごと受け止め、話が現実から飛躍する高齢者の世界をそのまま受け入れて演劇のなかに飛び込むように、一緒に楽しみながら生活することができる面もある。家族だけで閉じこもらずに地域社会に関わり、近隣の人たちと日常的に自然に顔を会わせる工夫が必要になっている。

◉塀をつくらない

私が大学卒業後に設計の修行をした場所は、東京都新宿区百人町にあった建築家吉阪隆正の自邸であった。一九五五年に竣工したその住居には、庭に設計アトリエと書庫、そして、長男一家の住まいがあった。コンクリートの人工土地をつくり、土地を開放した住まいと仕事場であった。「大地は万人のものだ。私は一人占めする権利はない」と吉阪は著書『ある住居』[★1]に記している。

ピロティの上に居間と人工土地の庭があり、三階が家族の個室になっていた。敷地には門も塀もつくらず、誰でも自由に出入りすることができた。近所の子どもたちがランドセルを背負ったまま遊びに来たり、学生が集まったり、研究室のメンバーが机を出して作業をしたり、模型を囲んで議論をした。ときには、たき火を囲んで焼肉をして深夜まで賑やかに過ごした。吉阪は「住居は個人の自由と集団の利益との境界線の存在であらねばならない」と考え、自邸でも翌年設計した西宮の浦邸でも、塀をつくらずに土地を開放している。二階の生活空間を守りながら、一階のピロティを街並みに開放する場所として提案した浦邸は、五〇年の時を刻み、現在も建てた当時の姿で健在である。一九五〇年代、戦後の焼け跡に大地を開放した住居が街に広がっていくことを復興計画として考えた提案は、阪神淡路大震災後の住居に、一階を地域に開放する街や地域での活動を見据えた住まいとして引き継がれている。

街と住居の境界をどんどん曖昧にして、ふたつの住居は街並みをつくり、人のつながり

右頁／門も塀もつくらずに大地を開放した建築家吉阪隆正自邸。一九八〇年に吉阪が急逝し、一九八二年に取り壊された（取り壊し直前の三月撮影）。

★1　相模書房、一九六〇年刊。『吉阪隆正集４・住居の形態』（一九八六年、勁草書房）に再録。

数学者浦太郎邸は一九五六年竣工後五〇年以上経った現在もピロティは街に開放され、竣工時と変わらぬ姿である。登録有形文化財指定。

をつくる場所になってきた。この自邸での数年間は強烈な印象であった。ひとつの住まいが街を変え、人を育て、人とのつながりをつくる。住居の力を実感した。

一九九六年に竣工した荻窪の「人工土地の住居」は、戦前の住宅の建て替えである。コンクリートの人工土地の上に庭をつくり、敷地の塀は取り壊し、敷地を開放した。住宅地の塀をなくすと、視界が開け、交通標識もカーブミラーも必要なくなり、これらを取り外した。ご近所からも新しい住居での屋外の活動がよく見える。それをきっかけに、はす向かいの住居の設計を頼まれた。塀をなくすことで、街の景観が変わり、人のつながりも広がる。ご近所の力が育っていく。

また塀のない敷地では、軒下やピロティは雨宿りの場所にもなる。三世代同居の「北嶺の住居」は、ピロティの車庫に塀をつくらず開放している。急な雨に何度か雨宿りをしている人がいて、傘を貸したり、家族が迎えに来たり、お礼をいわれたこともあったという。

機械に頼るオートロックのマンションでは、隣の人の顔が見えない環境をつくり出す。戸建ての住宅街でも同様の変化がある。塀を

「人工土地の住居」。生活の中心である居間と食堂を２階におき、コンクリートの人工土地に庭をつくった。敷地を街並みに開放している。

めぐらせ、生活の気配が見えなくなると、周りの眼がどんどん届かなくなる。けれど、塀をつくらずに周りに開放することで、ご近所や通行人の眼が届くようになる。できるだけ敷地を開放し、人との接点をつくるように住まいを考えることが、高齢者が孤立しないためにも大切である。

◉自然とのつながり

今の若者は高齢になったとき、インターネットと携帯電話さえあれば安心して生きていくことができるのかもしれない。しかし今、お年寄りは人のつながりを何よりも必要としている。そしてもうひとつ感じるのは、自然や植物とのつながりの大切さだ。

老人ホームでは入居するときに家具などをもってくることができない。けれど私たちが設計したグループホーム「あおぞら」では、新しい住まいとして家具やベッドをもって入居できる広さの個室を用意した。現実には使い込んだ家具をもってくる人は少なく、新しい家具を家族が用意して入居する人がほとんどである。日本では家具への思い入れをもつ人は少ないようだ。それに比べ、家から植木

「人工土地の住居」の２階の庭から、はす向かいの「12.5坪のSOHO」を見る。

をもってくる人が多い。きれいに刈り込まれたツゲの木や鉢植えの植物と一緒に入居してくる。お年寄りと植物との結びつきがとても強いことを再発見した。植物をとおして自然とつながり、四季の変化を感じることができる。花や実を眺めながら、子どもの頃の思い出を語る。自然の力は生きる力につながっていく。

◉半外部の縁側、サンルーム、デッキ

縁側やサンルーム、デッキは住居の内部と外部をつなぐ半外部の活動場所である。庭の自然やご近所の人とつながる貴重な場所だ。外から来た人も靴をはいたまま、気軽に腰かけてお茶を飲んだり、のんびり過ごせる場所である。わざわざ訪ねる機会をつくらなくても、前を通りかかったときに一言声をかけたり、ちょっと会話を交わしたりできるのは、縁側やデッキがあるからである。

一〇年ほど前に竣工したデッキのある住まい（六七頁）は、前の道路は人通りも多く落ち着かないので、一階を駐車スペースにして、二階に二世帯をつなぐ物干しスペースも兼ねた人工的な庭として木造の大きなデッキ

をつくり、真ん中に大きなコブシの木を植えた。ビルに囲まれたこの住まいにとって、コブシの木とデッキは住まいを街に開きながらも、街の喧騒を適度に遮る緩衝領域になっている。デッキをつくると、室内空間と外部のつながりが一変する。内部空間を広げ、外部の活動スペースをつくり出すことがデッキの役割だ。

グループホーム「あおぞら」では、二階部分に回廊のようにデッキを廻らしている（口絵―一八、一九頁）。三階のデッキは広々とした屋上庭園につながり、中庭や人々の活動を眺める楽しみが加わる場所になっている。

一方、古い日本家屋を改装した小規模多機能型居宅介護事業所「ふれんどりぃの郷」は、庭に面した広い縁側が魅力である。庭を眺めながら縁側の日だまりで過ごすお年寄りはとても落ち着いて見える（一一二頁）。

象設計集団の建築家、樋口裕康さんは、最近、映画寅さんシリーズの住まいの分析にこっていて、発見がたくさんあると語る。なかでもおすすめの空間装置が「濡縁」だという。濡縁に腰掛けると、庭先は即席の客間になる。土地が狭くても手軽につくることができる濡縁も内部と外部をつなぐ要素である。

室内から連続するデッキや縁側での活動を積極的に楽しむためには、土を増やし植物を植え、外部の環境への配慮が何よりも大切な生活姿勢になる。都市の生活環境はどんどん厳しくなっていく。新たに建てられる高層マンションだけではなく、小さな個人の住宅でさえも高気密・高断熱の閉ざされた空間で、機械空調に頼る生活が増えている。室内環境を整えて、屋外にすべての負荷を負わせることによって、ますます環境は悪化し、その悪循環を断つことができない。生活の場を屋外に広げることによって、より広く環境を認識することができるようになる。

◉人の集まる場所

高齢になっても住まいを仕事場にして活動を続けていきたいと考える人は多い。定年後の住まいは、新たに仕事場や趣味の部屋、人が集まる場所をつくることで、第三の人生を生きるための活動の拠点になる。趣味のアトリエをつくり、家族の生活とは独立して、自由に仲間が集まる場所を設けることで生活の幅は広がっていくはずだ。

右頁／「ギャラリーのある二世帯住居」。二階に二世帯をつなぐ大きな木のデッキをつくった。

グループホーム「あおぞら」の中庭を囲む回廊のデッキ

「ふれんどりぃの郷」の縁側でのひと時

人との距離を工夫する

◉ゆるやかな共同生活

多世帯で同居する秘訣は、共用の空間を介在させて、ゆるやかな共同生活ができるような住まいにすることである。高齢者を孤立させず、閉じ込めない工夫が必要である。空間や機能を完全に分離せずに、居間や浴室などを共同で使えるように工夫をすることで、ほどよい世帯間の距離をつくることができる。

独立した親と子の二世帯住宅を建て替えて、八〇代の母と息子夫婦が一緒に住むことにしたのが、「磨き壁の住居」である。地下一階、地上二階の住まいの一階部分に家族の居間兼客間と食堂、台所をつくり、居間の隣にお母さんの個室を配置した。共用の浴室も一階につくり、息子夫婦の居間と書斎、寝室は二階に独立させた。

居間に連続するお母さんの個室には、クロゼット、専用のトイレ、洗面所、洗濯室、納戸を配置した。個室の南側には、庭に面した縁側をつくり、お母さん専用の洗濯物を干す小さなサンルームとして使われている。贅沢に思えるが、全自動のドラム式洗濯機とは別に操作しやすい使い慣れた洗濯機を専用に置いて、できるだけ自分の身の回りのことはひとりでできる環境を整えた。

お母さんのコンパクトな個室は、家のなかで孤立しているわけではない。居間・食堂とは引き戸で間仕切られており、居間にいる人の気配が伝わってくる。一緒に過ごしたいときには、いつでも戸を開けて、定位置に座り、疲れてきたら自室に戻ることができる。世帯

「磨き壁の住居」道路側外観。四五度の角度の窓から光と風を取り入れる。

■磨き壁の住居／松涛ＴＨ

所在　東京都渋谷区
家族構成　夫婦＋夫の母
構造規模　ＲＣ造地下１階
地上２階建て
敷地面積　185.68 ㎡
建築面積　104.37 ㎡
延床面積　251.00 ㎡
地階 /79.64 ㎡　1 階 /99.76 ㎡
2 階 /71.60 ㎡
施工　株式会社辰
竣工　2006 年 4 月

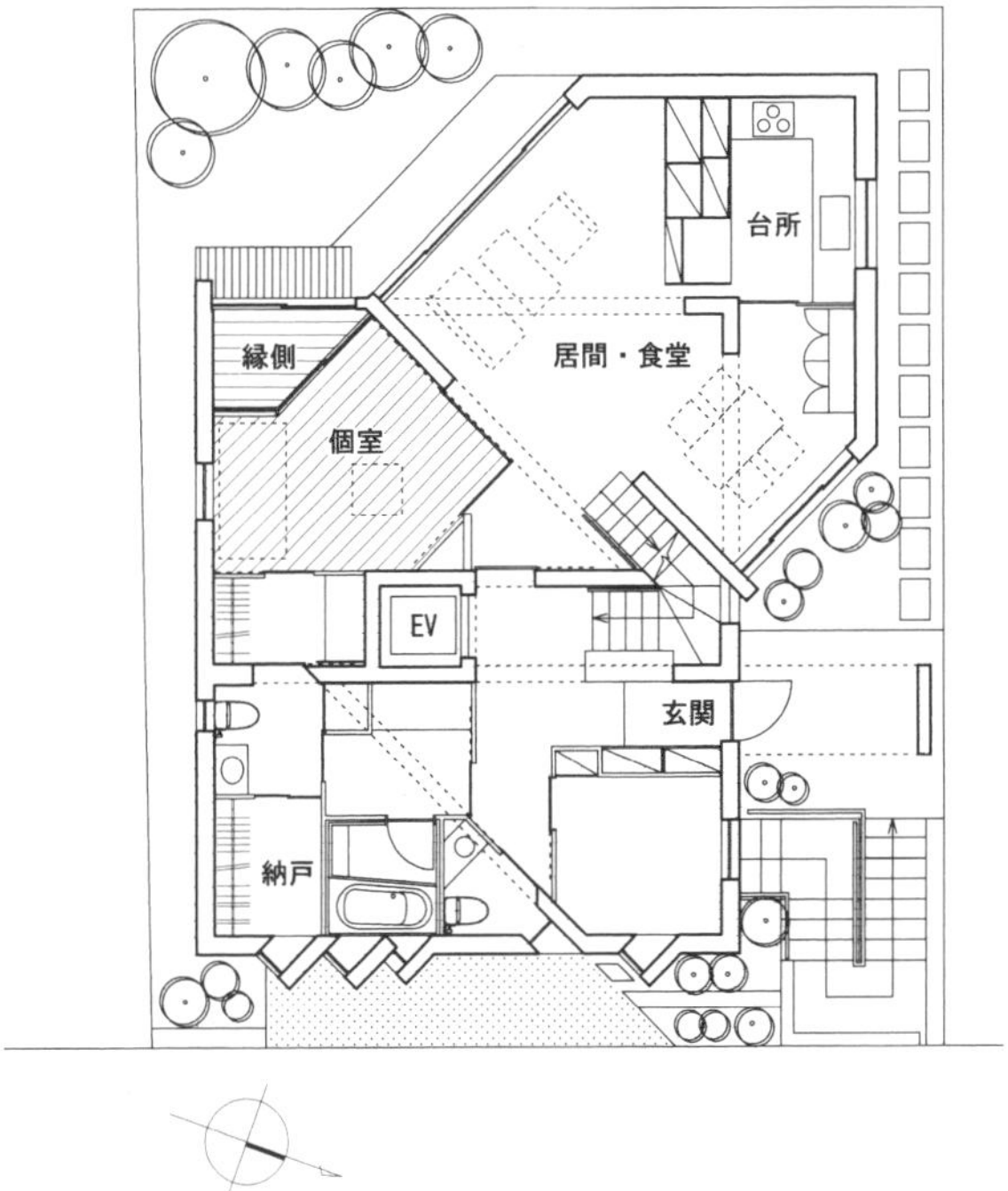

「磨き壁の住居」1階平面図　S=1:200

上／お母さんの個室から居間・食堂を見る。天井まである２枚の引き戸は、部屋をつなげることも区切ることもできる。　下／個室からクロゼットの奥に設けた専用の洗面、トイレ、洗濯室を見る。

間のほどよい距離を考えながら孤立しない場所をつくる工夫をした。高齢になると、人との付き合いが煩わしくなり、わざわざ来客時に顔を出すのが大変で、ひとりで過ごすことが多くなる。刺激も少なくなり、生活意欲が衰えていく。無理をしないで、家族や来客と過ごせる場所をつくる工夫は大切である。

◉引き戸の役割

高齢者の施設を見学するたびにいつも気になるのが、高齢者にとって非人間的な建具がとても多いことである。高齢になると自分の体を支えながら開き戸の開閉をすることがだんだん難しくなる。開き戸の向こうに人がいるかどうかの安全確認もおろそかになる。施設などの自動扉は高齢者のゆっくりとした動作では開閉のスピードに追いつくことができないので危険である。また施設の鋼製の重い建具は、高齢者の力では開閉できず、閉じ込められた気持ちにしてしまう。建具を閉めていても内部の様子を職員が管理しやすいように、大きな窓を開けていると、いつも人に見られているようで落ち着かない。そんな建具を使うことは避けたい。

日本の伝統的な引き戸は、空間を自在に変化させることができる優れた建具である。引き戸には雨戸、ガラス戸、網戸、鎧戸、障子、襖などさまざまな種類があり、それらを構成することで、日照や視線を遮ったり風を通したりと、自然との関係を操作しながら、開閉の度合いを自在に調節することができる。

高齢者のいる住まいで空間を仕切る建具は、内と外の気配を伝えられるように木製の引き戸がいい。個室の建具はしっかりと閉めたいときもあるが、気分によって少し開けて、外の気配を感じたいときもある。引き戸であれば全部開けていてもじゃまにならないし、少しだけ閉じておくこともできる。また高齢者が眠っているのか、照明を点けているのか、気配を感じ取ることもできる。引き戸は高齢者の共同生活では安全な建具である。

障子は強い直射光を遮り、柔らかな散乱光で包み込まれたような空間をつくり出す。外が明るい昼は室内の様子は外から見えにくいので障子は開放し、夕方、室内が明るくなってから障子を閉めると、室内の雰囲気も変わり、室温の変化も少なくなる。

個室に設けた小さな縁側はサンルームになり、洗濯物を干している。

縁側と個室の間の障子

身体をサポートする住まい

◉アンチバリアフリーの住まい

高齢になっても自宅で暮らせるように、バリアフリー住宅への改装が勧められている。確かに夜中にトイレに行く回数が増える高齢者にとって、寝室とトイレのバリアフリーは大切である。けれど住まいをすべてバリアフリーにすることがほんとうに必要だろうか。

家のなかの段差がなくなっても、街はバリアだらけである。段差を認識して足の上げ下ろしをする生活習慣がなくなると、筋肉は急速に衰え、運動能力も低下する。小さな段差でもつまずくようになり、骨折につながっていく。入院がきっかけで、急激に体力が衰えたり、認知症の症状が出ることもあるので、事故は未然に防ぐ必要がある。そのためには日常生活のなかで段差を認識し体を動かすことが、何よりのリハビリになる。

生活のなかで、バリアフリーが最も必要なのは、寝室からトイレ、浴室など日常生活の基本的な行動範囲においてである。夜中に起きてトイレに行くときには、足元に注意を払う余裕はなくなっている。入浴時も浴槽の出入りや複雑な動作を必要とするなかで、事故を防ぐためには床の段差をなくすことが必要である。こうした室内のわかりにくい小さな段差をなくして、バリアフリー空間にすることを勧めるが、それ以外の場所ではしっかりと認識できる段差のある生活が身体の能力を維持する秘訣である。

段差をつけるときは、素材や色を明確に分けて、床の高さが違うことをはっきりと認識できるようにする。逆に段差のない床はできるだけ同じ色調の素材で仕上げる。認知症では段差のない床でも、床の色の変化が大きかったり、濃淡がついていたり、ステンレスなど金属の光沢のある素材だと、距離感を狂わせて行動に障害が出るという。デンマークのグループホームを見学したとき、居間と水廻りの床に段差がないのに、素材の色の濃さが違うことで、一歩が踏み出せず、行動に障害が出ると聞いた。

はっきり認識できるようにつくられた段差や階段で足を鍛えることと、自立した生活を維持するために必要なバリアフリーと、相反する条件が必要である。寝室とトイレ、浴室をコンパクトに配置して自分の力で行けるようにしておくことが、自立のための大切な条件となる。

認知症高齢者のグループホーム「あおぞら」のホーム長、濱田秋子さんは、「とにかく歩くこと。散歩や音楽に合わせて部屋のなかを歩き、元気な人は階段の上がり下りをして足の衰えを防ぎます」と、段差や階段の大切さを語る。

「あおぞら」の住まい手たちは屋外の散歩だけでなく、屋内でも時間を決めて音楽をかけて、みんなで廊下を歩くことを積極的に行ない、身体能力が衰えるのを防ぐ努力を自覚的に行なっている。わざわざ遠回りをして歩いたり、手摺のある階段を上がり下りして、運動能力が衰えないように努力している。また、玄関には段差をつけ、屋内と屋外の違いを認識して靴を履き替えるようにしている。段差がないと、内外の区別がつかなくなり、いつの間にか外に出たり、靴のまま室内に入るようになってしまうという。散歩や買い物から帰ると、待っていたお年寄りが出迎え、帽子や荷物を受け取って、サポートする。

「ふれんどりぃの郷」でも、入口のスロープや階段が、お年寄りのリハビリに大切な役割を果たす。エレベーターはほとんど使わず、ひとりずつ介助されながら、階段とスロープを一日に何度も上がり下りしている。

「訓練室でリハビリの運動をするのは大変だけれど、生活のなかに組み込まれていると自然にリハビリになる」と、代表の筒井すみ子さんは実感する。古い日本家屋を改造した「ふれんどりぃの郷」には長い廊下が家の真ん中にある。一日に何度となく廊下の行き来

上／格子戸のある「あおぞら」の玄関には段差をつけている。ベンチに腰掛けて靴を脱ぐ。

スタッフと散歩に行く「あおぞら」の入居者。車椅子を押すと安定して歩きやすい。

をするうちに、今まではふたりで支えて移動していたお年寄りが、ひとりの介助で自分の力で歩けるようになったという。

バリアフリーは本来、建物や施設の構造といった物理的なことよりも、人と人の関係であるべきだ。身体能力も認識能力も使わなければどんどん衰えていく。人の身体能力を見極めながら、きめ細かな対応が求められるのが、バリアフリー化の課題である。高齢になって住まいを建て替えるときに、必要以上に利便性を求めると、かえって身体能力の低下を進めることになってしまうことに留意したい。

◉病を乗り越える住まいの工夫

一五年前に設計した住まいの施主から連絡があった。九五歳のお母さんが居間で立ち上がろうとして倒れたはずみに骨折した。本人は注意して生活をしていただけにとても悔しがったという。手術をしてリハビリをし、「二〇歩歩けるようにして家に帰します」と、医者からいわれたので、家に手を入れるか、相談にのってもらいたいという。

設計した当時八〇歳だったお母さんはとて

も元気で、バリアフリーなど考えなかった。和室の床はフローリングの床から一〇cm程度高くして、畳の上に埃が上がらないようにしていた。建具の枠も、下枠を付けて少し床から上げて、音や光、空気をしっかりと遮断するように納めていた。浴室の洗い場は床を下げて、水が脱衣室の床を傷めないようにしていた。建築の作法であった。これらすべてがお母さんの行動の障害になる。

　トイレの増築や、段差のある場所への手摺の設置なども検討したが、まずはトイレのドアの下枠を外して小さな段差をなくすことにした。浴室の洗い場には木のスノコを敷いて段差を解消する。その他のところはお母さんが生活を始めてから様子を見ることにした。

　お母さんは厳しいリハビリで身体を動かし、栄養を摂って、元気になって退院してきた。そして、家のなかでは二〇歩歩くことができれば壁や柱などつかまる場所があり、十分自力で生活ができることがわかった。もうすぐ一〇〇歳を迎えるけれど、大きな改装もせずに自宅で生活をしている。

　また別の設計事例であるが、脳溢血で倒れ、リハビリをして退院してきた後の新築計画で、寝室と居間・食堂を同じ階に配置したところ、「階段の上がり下りが貴重なリハビリの機会なので、二階に寝室をつくって、介助しながらふたりで歩ける幅の広い階段をつくってほしい」と希望されたことがある。

　脳溢血で倒れたまま、とにかく安静を続けることで、多くの老人が寝たきりになってしまうのも事実である。私の祖母は家で倒れ、入院すると長期間安静を保ち、身体が動かなくなった。それからリハビリで運動機能を回復するのは難しく、結局リハビリを受けながら病院を転々として亡くなった。三〇年以上前のことになる。けれど脳梗塞で入院した父は、このまま病院に長くいると動けなくなると判断されて、あっという間に退院させられ、家に帰ると少しずつ日常生活のなかで生活能力が戻ってきた。

　医療も変化している。現在は病状を的確に把握しながら、可能な限り身体を動かし、運動能力が衰えないようにすることを医師も勧めている。

◉動線は短いほうがよいのか

　建築や住宅での空間の有効利用を考える上

右頁／「ふれんどりぃの郷」のスロープをお年寄りは自分のペースで歩く。

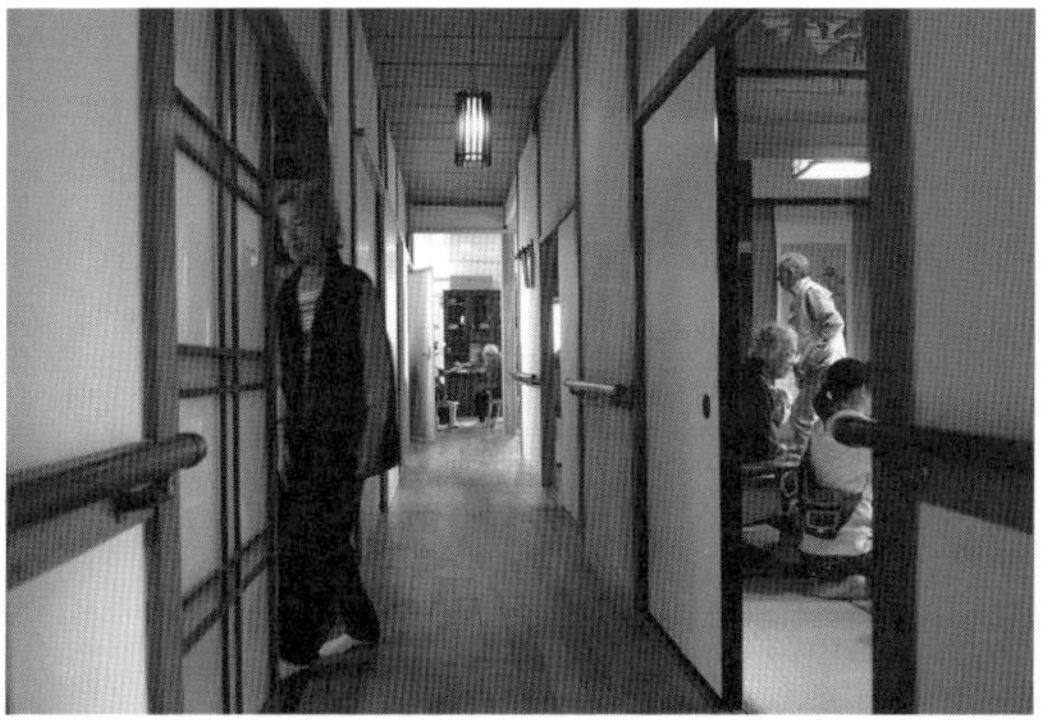

長い廊下を歩くと、足の力が衰えず、リハビリになる。

で、人の動く経路（動線という）を短くすることは一般に合理的とされる。しかし動線が短く、空間に無駄がないことが、必ずしも最も優先されるべきことだとはいえまい。

街を歩いていても、まっすぐに最短距離をつなぐ道路は、車では便利かもしれないが、歩くのには退屈で、遠回りでも変化に飛んだ路地空間に魅力を感じる。

古い日本の住居では長い廊下を歩かなければならない不便な家が多かった。現在はマンションの間取りに代表されるように、動線をコンパクトにまとめることが、設計の腕の見せ所になっているが、便利で歩く距離が短い住まいが、はたしてほんとうに良い住宅といえるかどうか、もう一度考えてみる必要がありそうだ。

老人や子どもは家で過ごす時間が長い。家のなかに歩き回る場所があれば、自然に体を動かすことができる。長い廊下を歩くのは、家のなかでの適度な運動にもなる。

リハビリが必要になって、外に運動に出かけたり、デイサービスのリハビリ訓練に行くのも大切であるが、家のなかで廊下を歩いたり段差を昇り降りすることによって、少しずつ機能回復していくことが大切な日常のリハビリとなる。

多世代の住まいでは、人と人の関係に距離が必要である。適度な距離があって、初めて共同で生活することができる。そこでは長い動線も役に立つ。

◉水廻りの工夫

トイレや浴室など水廻りは段差をなくしたバリアフリーの床にしたい。トイレは夜中に使う頻度が高い。また高齢になって視力が低下したり、認知症になると、仕上げの色の違いで距離感がわからなくなる。仕上げの材料が変わっても、色調を合わせて床に段差がないことを示す工夫が必要だ。

また認知症になると、洗面所の鏡に映る自分の姿を認識できずに、他人がいると思い、話しかけているうちに混乱することがある。そんな場合は鏡を外すか、カバーをかけて隠すようにする。

水栓器具もシングルレバーなど新しいものは使い方がわからなくなるので、お湯と水が別になっていて、握りやすく、回しやすい器具を使いたい。

洗面化粧台の鏡を取り外したり、カバーをかけて映らないようにする。

◉プライバシーの尊厳と自立
——個室とトイレ

家族が皆で使うトイレとは別に、高齢者の寝室の隣に専用のトイレをつくりたい。健康であっても夜間に、トイレに起きる回数は増えてくる。夜中にトイレに行っても危なくないように、寝室とトイレはバリアフリーで計画する。

ゆっくりと身づくろいをすることができること、衣類を汚しても気兼ねなく自分で着替えることができること、誰にも気を使わずに、ゆっくりと落ち着いて使えるトイレは高齢者の不安を解消する。

自分のペースで自立した生活をするために大切なことは、自分ひとりでトイレに行くことができるかどうかである。

家族や仲間の視線を気にしないで、他人の世話にならずにトイレで過ごすことができるかどうかは、高齢になって家族や友人、そして共同で生活をするための大切な条件となる。トイレの失敗が自信の喪失につながり、認知症のきっかけになることもある。

グループホーム「あおぞら」の居間の手摺は大きな木を使い、手を滑らせながら体を支えられる形を考えた。

◉手摺はいつ付けるか

高齢者の住まいや施設には至るところに手摺が設置され、安心感とともに手摺の存在感に圧倒されることもある。実際、トイレや浴室だけではなく、廊下や段差のある場所には手摺が必要である。しかし体を支えるために取り付ける高さと位置は個人差が大きい。実際に手摺が必要になったとき麻痺の状況で事前に取り付けた手摺が使えないこともある。

グループホーム「あおぞら」では、壁に取り付けられた手摺が日常の生活のなかで行動の手助けにはなるけれど、あまり主張しすぎないように、それでいて身体を支えるのに頼りになるかたちを考えて木製の手摺を設置した。「目立ちすぎないのがいい。気に入ってます」とホーム長の濱田さんに好評だ。

住まいでも手摺に頼りすぎると身体能力が衰えるので、ほんとうに必要になるまで手摺は設置せずに、いつでも取り付けられるように、しっかりとした下地だけを入れておく。そしてほんとうに必要になったときに、身体に合わせて取り付けることをお勧めする。

◉木と土と紙——自然素材で仕上げる

季節によって気候の変化が大きい日本の風土では、湿度の調整が課題になっている。住まいの環境を快適にするためには、調湿性能の高い素材の使用が大切だと考えている。大谷石の土間、床仕上げは無垢のナラや杉のフローリング貼り、壁と天井は無垢の杉板、珪藻土、壁紙等、調湿性能の高い柔らかな呼吸

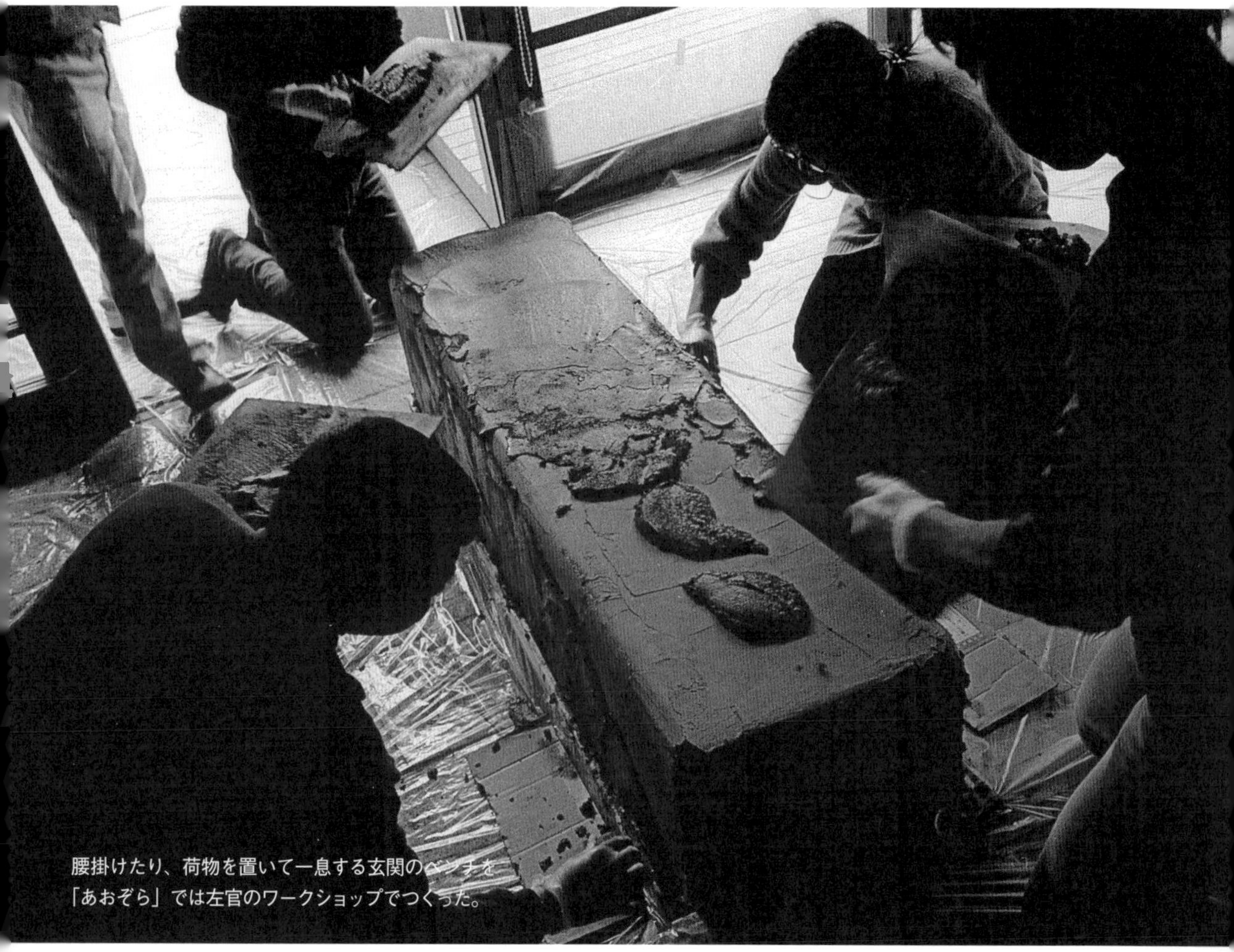

腰掛けたり、荷物を置いて一息する玄関のベンチを「あおぞら」では左官のワークショップでつくった。

する素材で仕上げる。特に身体や手で触れる部分は自然素材を使いたい。

土を低温で焼いた敷瓦で仕上げた床は、調湿性能が高い。梅雨時の湿度調整をし、冬は太陽光エネルギーを蓄熱して室内を暖める。また、滑りにくい表面のテクスチャーは、素足や靴下でも安全に過ごすことができる。

自然素材として身近で魅力的なのは左官仕上げの土である。土は高度な技術の仕上げもあるが、世界中どこでも使われている、初源の素材である。そんな土の力をワークショップでかたちにするのは何よりも楽しい。空間に力が充ちるようだ。

壁は漆喰に珪藻土と砂、ワラスサを調合した左官の塗壁で仕上げると、光を受けて表情を変える。場所によって、色と仕上げのテクスチャーに変化をつけている。漆喰と珪藻土は吸放湿機能とともに、臭いを吸着する性能も持っているので、人が集まって暮らす施設でも気になる臭いがほとんどしない。また新築してから時間が経つにつれて、自然の素材は色も表情も落ち着いてくる。汚れも気にならないはずである。時を刻む素材は、生活に馴染んでくる。

右上／柔らかな表情をもつ土壁
左上／鳥取県産の智頭杉厚板３㎝をうづくり仕上げにした階段。板は柔らかく滑らない。
右下／和紙の障子は光と木立の影を映す。

◉五感で感じる

家のなかで過ごす時間が長い高齢者にとって、季節や時間の変化を室内で感じられるようにすることは大切である。窓から緑や花、夜の星が見えるようにしたり、一日の光の変化を積極的に感じることができるように工夫をしたい。

グループホーム「あおぞら」の入居者は、いつも中庭の緑を眺めて生活をしている。中庭は春には桜が咲き、夏は花や果物、秋は稲が実り、ジャガイモや里芋を収穫してのイモ煮会と、季節の変化を直に感じ取れる場所になっている。自力で活動できない二、三階の療養病棟のお年寄りは、デッキから中庭を眺め、中庭で活動したり遊んだりする子どもたちやボランティアの声や庭に集まる鳥のさえずりに慰められるという。

一本の木があるだけでも、一日の、一年の変化を感じることができる。また部屋のなかに光を受けて表情豊かな壁があると、季節や時刻、その日の天気を感じることができる。光や風を室内に取り入れ、表現するのは設計の楽しさである。

◉明るすぎない照明

グループホーム「あおぞら」では、節約の習慣が身についたお年寄りが電気を消して回るという。年齢とともに視力が衰え、手元が明るくないと文字が読みにくくなる。新聞や本を読む習慣がなくなってくると、明るすぎる照明は目が疲れる。室内全体の照明と部分照明を組み合わせることで、疲れにくい環境をつくりたい。夜中に目が覚めたときにも、いきなり明るい照明が目に入ると瞳孔が小さくなり、周りの様子が見えにくくなる。適度な照度の照明を工夫する必要がある。

ベッドに寝ていても、明るい蛍光灯をいつも目にしているのは疲れるはずである。部屋中を明るく照らす蛍光灯は高度経済成長期の象徴で、最近は事務空間でも照明計画は見直されている。

介助をしたり、掃除をするには明るさが必要だが、それが寝ている人の心地良さとは矛盾することがある。キッチンや作業スペースは明るく照度を確保したいが、それ以外の生活の場所では明るさを押えて、必要な場所をしっかりと照らす照明を計画したい。

秋に「あおぞら」の中庭で行なわれる芋煮会のために収穫された大きな里芋

池の水は循環して動きをつくり、子どもたちもジョーロで水撒きを楽しむ。

第2章

集まって住む「終の住処」

誰と住むか、どこに住むか

なければならなくなる。そのときどうするか、どう生きるか、それが問題である。動物は死期を予感すると、ひとりになれる死に場所を探し、ひっそりと息絶える。けれど、私たちはひとりで死を迎えることはできない。誰かの手助けを受けて生きていかなければならない。

平田オリザ作の演劇「眠れない夜なんかない」を最近観た。定年後の生活を海外のコンドミニアムで過ごすさまざまな高齢者と家族の姿が描かれていた。住み続けることができずに古い民家を取り壊して来た人、住み慣れた街が再開発で跡形もなく姿を消されてしまった人、癌を告知されても日本社会に戻りたくないと考える人……、そこで演じられるのは日本の社会に決別することで、海外に自

◉ひとりでは生きられない

人間はひとりで歩けるようになるまでに一年近く時間を必要とする。それだけではない。人は自分の力で自立して生きるために、さらに長い教育の期間をかけるようになっている。動物の赤ちゃんが生まれ落ちて数時間で立ち上がり、お母さんのお乳を飲む姿に感動するのは、生きることの厳しさと強靭な生命の力を感じるからではないだろうか。

それでも、人はひとりでは生きられない。自立して、ひとり立ちして共同社会をつくって生きていく。それは高齢になっても同じである。ひとりで生活をしていても、社会は必要である。まして自力で生活ができるうちはよいが、やがて誰かの手を借りて生きていか

分らしく生きる場所、終の住処を選択している人の姿であった。

日本に自分をつなぎ止める、肉親も家も土地もなくなった人だけではない。しがらみを捨てたくて離れた人も描かれる。海外の地で、自分の力で生活を始めるのではない。コンドミニアムという新たな共同生活を選択するのは、やはり共同体があることで見知らぬ土地での生活が成り立つからであろう。

◉どこに住むか

親を看取ったり、子どもの独立や定年をむかえたとき、これからどこでどう生きていこうかと、第三の人生を考える。生まれ育った場所に住むか、子育ての拠点だった場所を選択し、盛年期の活動や人間関係の強いつながりのなかで住み続けるか、便利な都市に住むか、静かな自然に囲まれた場所に住むか、海外移住もそのうちのひとつである。

生まれ育った土地を再発見して、終の住処を設けることで、第三の充実した生活を始めようとする人たちがいる。成長とともに都市の魅力に惹かれて生まれた土地を離れ、子育てや仕事に追われて生活をしてきた。そんな走り続けて来た時間から離れ、自分の生活をあらためて見直す機会に、故郷のゆったりとした時間の流れと自然の豊かさを再発見し、生活のペースを変えるきっかけにすることもできる。自然に恵まれた生活を望んでも、高齢になって、まったく縁のない土地での生活では新たな環境への適応も難しい。そして、長寿社会では自分自身の終の住処を考える時期と親の介護を考える時期は重なってくる。

現実には、住み慣れた土地、住み慣れた人のつながりのなかで、いつまでも暮らしたいと願う人が多数派である。けれど、配偶者が亡くなり、ひとりで暮らすことが困難になった時、突然、子どもたちの生活圏に連れてこられて、まったく縁のない土地で生活をする人も多い。ぎりぎりまでひとりで暮らし、認知症や体力の限界を迎えてから、見知らぬ住まいや土地に移って生活を始めるのは、新しい環境への適応能力も劣り、認知症の引き金にもなりかねない。子ども世帯にとっても、自分たちだけで暮らしてきた生活習慣を急に変えるのは難しい。

終の住処を考えて、新たな生活に踏み出すか、今まで生活をして来た土地で、社会的な

デッキに集まった八〇代の両親と娘と孫の三世代（七三頁）

ネットワークをつくりながら、ひとりになってもサポートを受けながら生活をする環境を整えておくか。まだ社会的な活動に積極的に参加できる意欲と体力があるうちに、決断をすることが、納得のいく終の住処を選択するひとつの方法である。

◉誰と住むか

もうひとつ大きな課題は「誰と住むか」ということである。一番多いのは高齢になって子どもと暮らす選択である。けれど、多世代の住まいで長年一緒に生活をして来た子ども世帯との同居と、歳をとってからの核家族との同居では環境の変化が違う。家族との同居であっても、自分の生活を大切にして暮らすことができる保証はない。元気なうちに同居を始めることで、新しい土地での第三の生活を楽しむこともできるのではないだろうか。

子どもがいなかったり、いても世話になることを望まずに、姉妹や友人と暮らす決断をする人たちもいる。それは、高齢になっても自分のペースで暮らすことを望む、意志のある生活の選択だ。そして、いざというときの安心や一緒に暮らす楽しみも共有することが

野菜づくり名人と次の種まきの相談をする。人と自然のつながりに充実した時間が伝わってくる。(鳥取県八頭郡)

できる。ひとりの生活を大切にしながら、不安を解消するための共生の住まいもある。

昨年九七歳で亡くなった母方の祖母は、子どもたちが独立して、祖父が亡くなってからずっとひとりで暮らしてきた。ヘルパーさんが来て料理をしていっても、「口に合わないので煮直すのが大変でね」と電話で話す気丈な人柄だった。高齢になっても人の世話になるより、人の世話をすることばかり考えていた。ひとりで生活するのが難しくなって、ケアつきの施設で暮らすようになっても、子どもや孫の訪問が何よりの楽しみで、行くと必ずお土産の心配をしていた。

そんな、自分で生きる意志と尊厳を何よりも支えにして、住み続けてきた自宅を終の住処に、ひとりで生きることを望む高齢者も増えている。けれど、社会的なサポートのシステムも経済条件も整っていないのが現実である。

●女の老後、男の老後

上野千鶴子著『おひとりさまの老後』（法研、二〇〇七）がベストセラーになっている。この本を手にしているのはほとんどが女性である。結婚してもしなくても、子どもがいてもいなくても、離婚したり死別したり、子どもは成長して独立し、気がついたら誰でも最後はひとりでこれからを生きていかなければならない。そんな女性の思いにぴったりの老後の指南書である。

けれど、家のなかでこの本を発見した夫は、自分が死んだ後の生活を思い描く妻を想像して、少し寂しさを感じるのではないか。高齢になってどう生きるか、ひとりになってどんな生き方をするのか。その問いに真剣に向かい合っているのは圧倒的に女性である。男性は何となくひとりで生きることにならないと、楽観的に思い描いている様子である。誰か、妻か子どもが面倒を見てくれるか、好きなことをしているうちに現役のままこの世を去ることを望んでいる。老後とは思うようにならない自分を生きることだという自覚をもつ男性は少ない。それは、男は妻に先立たれると、寿命が短くなり、女は夫が亡くなってひとりになると長生きをする。そして、夫のいる女性は「おひとりさま」の女性よりなんと二年も寿命が短いという調査結果にも現れている。

そんな思いを強くしているとき、知人に紹介されたのが、津野海太郎著『歩くひとりもの』（筑摩書房、一九九八）だった。津野は、四〇代後半の独身男性の生活から、「ひとりで老いや死にたちむかっていく」ことを考えた。シングルを老人問題としてとらえたこの本は、男性版『おひとりさまの老後』であった。その後、結婚されて生活は変わったが、一度覚悟をしていると、ひとりで老いに向かう気持ちは、変わらないのではないかと勝手に推測している。

この本のなかで興味をもったことがふたつあった。ひとつは長谷川如是閑、会津八一、そして若くして亡くなったが、正岡子規や宮沢賢治などの生活が、ひとりものでありながら現代のシングル生活とは違っているという指摘である。戦前は女中や婆やが身の回りの世話をし、結婚をして家庭をもたないひとりものには、妹や親戚の娘、義理の姉や妹が世話をした（それも美人の）。かつて家庭をもたないものは一人前ではないといわれていた時代、大きな家制度が家族として、ひとりものを受け入れていた。家の役割、懐は大きかった。ひとりものの生きる場所、勝手気ままな家庭が用意されていた。

そして、もうひとつ、津野の注目すべき指摘は、家庭と血縁の絶対性を問い直していることである。

「血縁の有無は決定的な条件にはならないようだ。養子であったり、まえの結婚から生まれた子であったり、血縁の枠にとらわれないさまざまな組み合わせがある。血縁があろうとなかろうと、家庭は結局、一時的なものなのだ」と、津野は述べている。

●血縁を超えた人のつながりのなかで

介護や子どもの問題について考えていくと、家族の問題に行き当たるのは当然である。そこで感じるのが、核家族の生活が定着した現代、今ほど血縁が強く意識された時代はなかったのではないかということである。かつての家と家の結婚から、個人の意志で個人と個人が結婚して家庭をつくる時代になった。そして、親の介護が必要になったとき、高齢の母親を嫁ではなく、血のつながる長男が介護をしているケースが増えている。核家族では不妊治療を受けて、血のつながる子どもを授かるために努力をする。血縁だけが、自分の存在を肯定する唯一の手段であるかのように強くなっている気がするのである。

子どもの頃、私の周りには自分との関係のよくわからないおじさん、おばさん、従兄弟がたくさんいた。父方も母方も祖母は若くして亡くなった。その後、双方の祖父は再婚をしたので、血縁関係のない親戚がたくさんいて、賑やかな子ども時代を過ごした。

父も母も五人兄弟だった。けれどその子どもたちはひとりかふたり。兄弟が少ないので、それぞれの従兄弟や従姉妹とはかなり親しく遊んでいた。義理の叔父や叔母やその兄弟とどこまでもつながっていく。そして、子どもにとっては、結婚をしない叔父や叔母、子どものいない夫婦は、親戚のなかでは少し自由な特別の存在であった。

嫁として他人を受け入れることによって成り立ってきたこうした大家族制度のゆるやかな家族の許容関係が失われ久しい。高齢者の介護の問題や子育ても含めて、血縁関係は絶対ではない。家族もあてにできず、社会制度も整備が遅れている。それでは、私たちは経済的に老後を保証する環境を自力で手に入れるしかないのだろうか。もうひとつの道は、自分の考えで人とのネットワークをつくり、共同で生きる場所を模索することだ。

社会が在宅の介護へと向かっている現在、自分の子どもでも、嫁でも、親戚の息子でもない社会のネットワークのなかで人とのつながりをつくり、高齢者の住まいとしての介護の場所を増やしていくこと、そこで納得のいく「おひとりさま」を生きることを望んでいる人は多いのではないか。

◉新しい自分を発見する終の住処

ひとりで老後をどう生きるかを真剣に考えている女性に比べ、これまで男性は誰か（つまり配偶者）が最期まで看取り、老後の心配はないと考える人が多かった。事実、男の平均寿命は女より短く、六五歳からの平均余命は男性約一八年、女性は約二三年と差はある。けれど日本人の寿命はさらに伸び、男性も第三の人生を考え、楽しむことが求められている。男性は新しい集団生活に適応しにくく、体力もあり、納得できないと暴力に訴えるケースも少なくない。少数派の男性は施設での受け入れが難しく、おひとりさまの男性の老後はかなり厳しいのが現実である。

グループホームでは男性も気軽にキッチンに立って調理に参加している。

*

高齢者の施設のなかには男性の入所お断りの施設もある。女性のほうが協調性があり、集団生活への適応力もある。調理などの家事を分担したりして、新しい環境に馴染むのも早い。

グループホーム「あおぞら」では、そんな社会状況をふまえて、認知症の男性入居者を積極的に受け入れている。ここでも男性は集団生活に慣れるまでにいくつかの段階を経験して、集団のなかでの役割を獲得していく。現在は新しい家での落ち着いた生活が営まれているが、そこに至るまでにたくさんの発見があった。

仕事一筋で家庭での生活はすべて妻任せだったMさんは、毎日床のモップがけをし、入居者の洗濯物をきちんとたたんで、それぞれに仕分けをするのが日課になっている。几帳面な性格は頼りにされており、今までMさんの家事をする姿を見たことのない家族を驚かせている。これもすべてがリハビリである。入居七年目の現在は、地域支援の活動で役員として積極的に発言する姿が見られる。

家族との生活が困難になって入所したNさんは、今では「あおぞら」の穏やかな家長的役割とお祭りの中心人物である。女性の入居者への配慮は、日々の行動にも現れる。買い物から帰った人を玄関まで出迎え、荷物を受け取り、手を差し延べる。来客や入居者全員の活動に目配りをしているのがわかる。夏祭りではダンスの中心になり、大いに盛り上げる楽しい存在である。家族は厳格で厳しかった姿からは想像ができないと驚きながら、新しく発見した姿に触れることを楽しんでいる。男性がいることで、生活に幅が出る。

認知症になって、それまでの自分の居場所を失い、グループホームという新しい家で共同の生活を始めるなかで、男性も女性もそれまでの人生とはまったく違う活き活きとした新しい人生を生き始めている。

また、小規模多機能型居宅介護事業所「ふれんどりぃの郷」では、増加する男性高齢者のために、作業所として仕事をして過ごすデイサービスを検討している。女性のようにお茶を飲みながら何となく過ごすということが、男性には向いていない。家での介護が難しくなって、ここに来る理由を必要とする。そのために人の役に立つこと、仕事として成り立つプログラムを模索中だという。

兄弟、姉妹で住む

ロフトのある隠居所

◉元気に暮らすために大切なのは夢

Kさんは七六歳のときに、これからの生活を充実させるために自分のための住まいを新築する決断をした。ひとまわり歳の離れた妹夫婦の住まいとつながりながら、台所、浴室、トイレを独立させた隠居所である。それまではひとつの家で妹家族と一緒に生活をしてきたが、それぞれの老後を考え、玄関を共有しながら、生活を完全に分ける独立した住まいを建てた。妹は定年後の夫と家で過ごす時間も増える。ひとりで過ごすための四一㎡、一二・五坪の小さい住まいである。

「一二・五坪のSOHO」は自分のために建てる終の住処である。バリアフリーの静かな住まいを望まれていると予想して、設計の相談を始めると、いきなり「長い間、ロフトのある家に住むのが夢でした」と、雑誌『BRUTUS』を手に、住まいへの夢を静かに語り始めた。和文英訳の仕事をこなすKさんにとって、新しい住まいはひとりで日夜気兼ねなく翻訳に没頭できる、仕事中心の場所。食堂のテーブルもロフトのベッドサイドテーブルもノートパソコンを開けばいつでも仕事場になり、仕事をしながら食事をとり、いつでもバタンとベッドに倒れ込むことができる仕事場兼用の住まい、SOHOである。

「一二・五坪のSOHO」から斜向かいの「人工土地の住居」（三四頁）を見る。

一年近い工事を終え、引っ越してロフトのある家での生活が始まった頃、ある集まりでバリアフリーの高齢者住宅が話題になったことがある。最新の機械を備えた高齢者のためのバリアフリー住宅の見学会の話であった。身体が動かなくなっても、機械に頼ることで入浴ができるように、ベッドから浴槽までリフトで運ぶためのレールが備えられている。いざというときのために備えのある住宅であった。

「元気なうちから、いつもリフトのレールを見ながら生活していたら、なんだか病気になりそうで、気が重くなった」というのがみんなの感想であった。

自分がこれから生きる姿を思い描くのが、住まいのかたちである。いつかは病のために身体の自由がきかなくなり、介護を受けることになるかもしれない。そんな姿をしっかりと見つめる必要はある。けれど、一方で、できるだけ自分の力で、自分のために生活をしていくための住まいのかたちを求めることもできる。高齢になっても、いつまでも夢を実現するために努力をし、足が衰えないように運動をして暮らす住まいもあるはずだ。

◉若い人が集まる場所に

もうひとつ、歳をとると人も集まりにくくなるので、気持ちよく人が集まることのできる場所にしたいと、Kさんは考えた。一階には人が集まりやすい居心地のよい造りつけのベンチがある居間を南西のコーナーにつくった。一〇人近い来訪者も落ち着いて過ごすことができる。そして、仕事机を兼ねた食事コーナーと奥まったキッチン。トイレと洗濯室、脱衣室はワンルームで動きやすくした。中二階のロフトのような小さな寝室にも、洗面化粧台とトイレが設けられている。ロフトはベッドをひとつ置くだけのスペースしかないが、小さな屋根の上のデッキにも出て行くことができ、窓から雲や星を見ながら眠ることもできる。

一階と二階をつなぐゆるやかに曲面を描く階段の壁は、粗い珪藻土塗りで仕上げた。光を受けて刻々と表情を変えていく壁は、小さな空間に拠り所をつくっている。

元気なうちは仕事中心に暮らし、階段の上がり下りが難しくなったときには、リフトを設置できるようにしてある。また、車椅子に

右頁／ロフトの小さな仕事机に向かいながら居間の吹抜けを見下ろす。

仕事机の後ろはキッチンになっている。妹さんの趣味はお菓子づくり

なって介護が必要になったときには、介護の人が二階で休み、一階の居間にベッドを置いて一階だけで生活ができるように考えた。

「ここは我が家の高齢者施設です。そのうち、私もお世話になります」と、妹さんも楽しそうに話される。高齢になっても病院や施設に入らずに、いつまでも自宅で生活をしたいと誰でも考える。そのためには、夢を実現して、生きがいのある住まいで暮らすことは何よりも大切なことではないだろうか。その上で車椅子が必要になっても生活ができるように、トイレの広さやバリアフリーの備えも整えておきたい。

高齢者の二世帯住宅として増改築をしたこの住まいには、数年後、妹さんの娘さん世帯が同居し、孫たちとの多世代の住まいに変貌している。予期しない賑やかな展開である。

二〇〇八年夏、妹さんから相談があり、体調がすぐれないKさんのために、当初の計画で考えていた一階に介護ベッドを入れたいというお話だった。二階の寝室はそのままにして、時々、妹さんがお昼寝に使ったりしているという。「姉の調子が戻ったら、また二階を使うこともできると思います」と、Kさん

ロフトより居間のベンチコーナーを見下ろす。

を気遣いながら新しい展開を楽しんでいる。支え合いながら、自宅での生活を続けていくことができる終の住処の役割をこの小さな住まいは果たしていけそうである。

洗面脱衣室とトイレ、洗濯室は区切らずに、広々とワンルームにした。

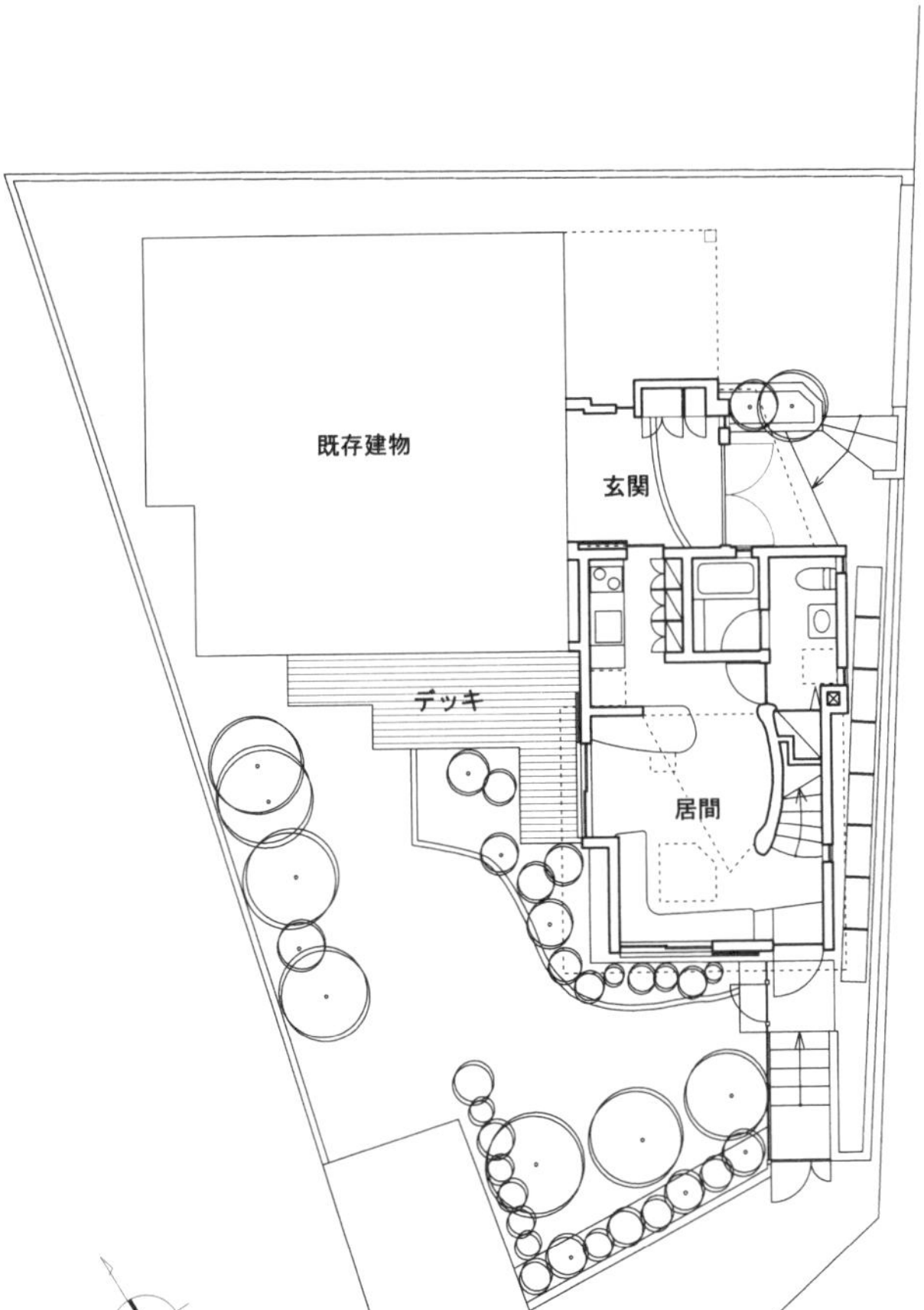

1階平面図　S=1:200

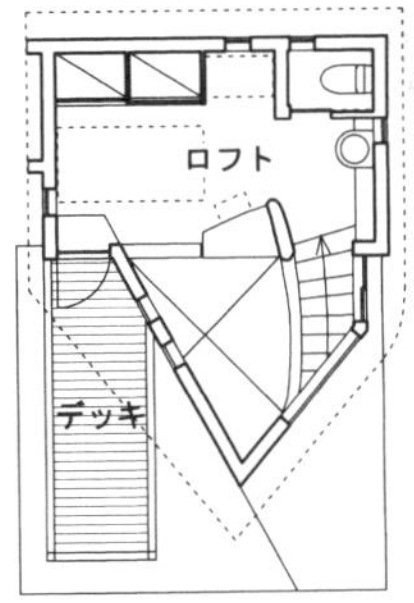

2階

■ 12.5坪のSOHO／荻窪KH＋AH

所在	東京都杉並区
家族構成	姉＋妹夫婦
構造規模	木造2階建て
敷地面積	261.76 ㎡
建築面積	29.00 ㎡
延床面積	41.42 ㎡
1階 /29.00 ㎡	
2階 /12.42 ㎡	
施工	(株) 大中工務店
竣工	1999年3月増築

便利な商店街に姉妹で住む

◉都市に住み続ける

長年住み慣れた土地は、駅に近い商業地域。バブル経済に沸き、地価が高騰した八〇年代には、想像を超える金額を提示されての地上げの交渉もあったが、「住んできた土地は決して手放してはいけない」との母の強い意志で住み続けてきた土地である。

駅からも近く、確かに便利だが、ビルやマンションに囲まれ、日照時間は短い。前面道路の騒音や振動も悩みの種である。周辺では既存のマンションの南側に次々と新たにマンションが建設され、日照問題を含む建設反対運動が繰り広げられるねじれた環境である。戦前からの木造住宅が建っていた便利で落ち着いた環境は、もう残されてはいない。東側の駐車場にもマンションが建ち、絵本『ちいさいおうち』（バージニア・リー・バートン著、岩波書店、一九五四）そのままの周辺環境であるが、子どものときから住み続けてきた場所である。人のつながりと生活の記憶に包まれている。ここに、姉妹二人は定年後の終の住処を建てることにした。

姉は二〇代で家を出て、仕事一筋の生活をしてきた。六〇代を前に、定年後の生活を考え、生まれ育った土地にもどって新たな生活を始める決意をした。ひとまわり歳の離れた五〇代の妹が定年後の生活を考えて、戦前の木造住宅を建て替える決断をしたのがきっかけであった。妹が仕事をしながら、母が八四歳で亡くなるまで介護をして二人で暮らした家である。隣には三人兄弟の真ん中の長男一家が生活をしている。

共同で生活する姉妹は、これからもできるだけ長く仕事をするつもりである。元気なうちは、精神的にサポートし合い、仕事中心の生活をする計画である。

◉壁に囲まれた庭をつくる

交通量の多い道路に面した小さな敷地に建つ住まいへの騒音と振動対策として、道路側に一枚壁を建てた。格子戸と東側の木のルーバーから風と光を取り入れる坪庭を介して玄

次々とマンションが建設される場所に、姉妹と弟一家の住居が並んで建つ。

道路と玄関の間の小さな庭は、音を遮り、緑の植え込みが置かれている。

道路側の外観。住居にはトップライトとトップサイドライトから光が入る。

２階の居間食堂。床は桧のフローリング、壁は珪藻土塗り

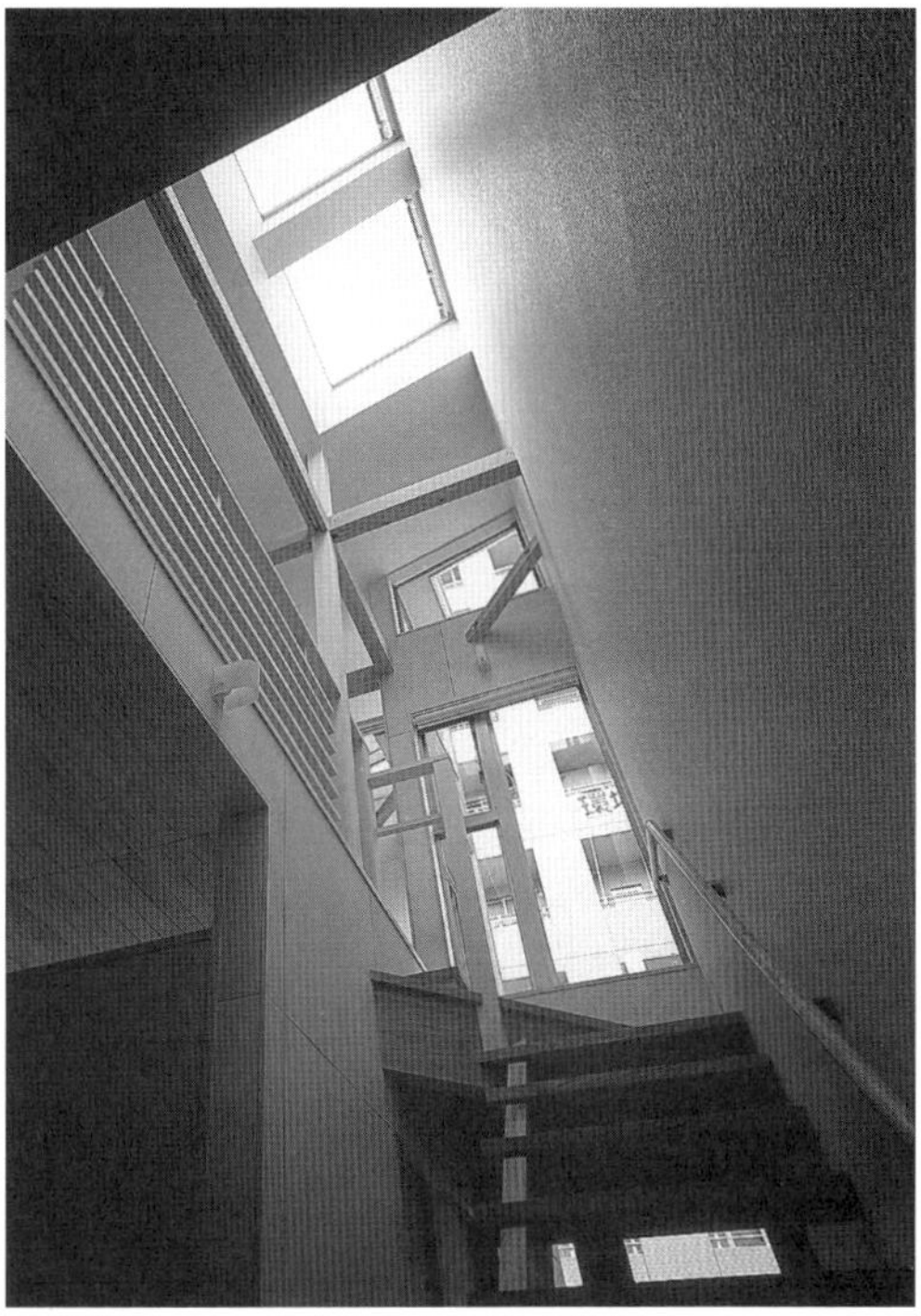

１階階段ホールからトップライトを見上げる。

関がある。また、坪庭の二階には台所につながるデッキもつくった。ここは小さいけれど植木の緑を楽しむ空間である。

　またビルの間から限られた時間だけ射し込む貴重な日照を取り入れるために、南の高い位置にトップサイドライトをとり、一階と二階をつなぐ階段室の吹抜け部分にトップライトをつけた。内部には光や風を取り入れて、室内は障子、無垢の木や土壁で仕上げた。

●個人の生活を大切に考えた共同住居

　定年後のひとり暮らしの不安を少しでも減らすために、姉妹は一緒に住むことを決断した。けれど子ども時代から離れて生活をしてきた二人の女性が、姉妹であっても果たして問題なく共同生活ができるだろうか。建て替えのための設計の打ち合わせを始めても、大きな不安があった。

　そこで、ふたりの個室を独立させて、プライバシーを確保した。研究生活の長かった姉の書斎は個室に設け、面積も少し広くした。妹は居間で過ごす時間が長く、個室は楽しみの読書と眠るための部屋として最小限のスペースをとった。玄関から入った一階に、二人のそれぞれ独立した個室と、間に小さな緩衝スペースをつくり、洗面、トイレ、浴室を配置した。寝室からすぐにトイレや浴室に行くことができる。個室には納戸を配置した。二階には開放的な共用の居間・食堂、台所、トイレと、小さな仏間を兼ねた和室がある。和室の前には、サンルームをつくった。安心して室内に洗濯物を干すことができる。

　姉妹はお互い仕事を続けることを前提に、生活時間、生活習慣を尊重した共同生活をスタートして、時間をかけて、新しい生活に慣れていくことにした。

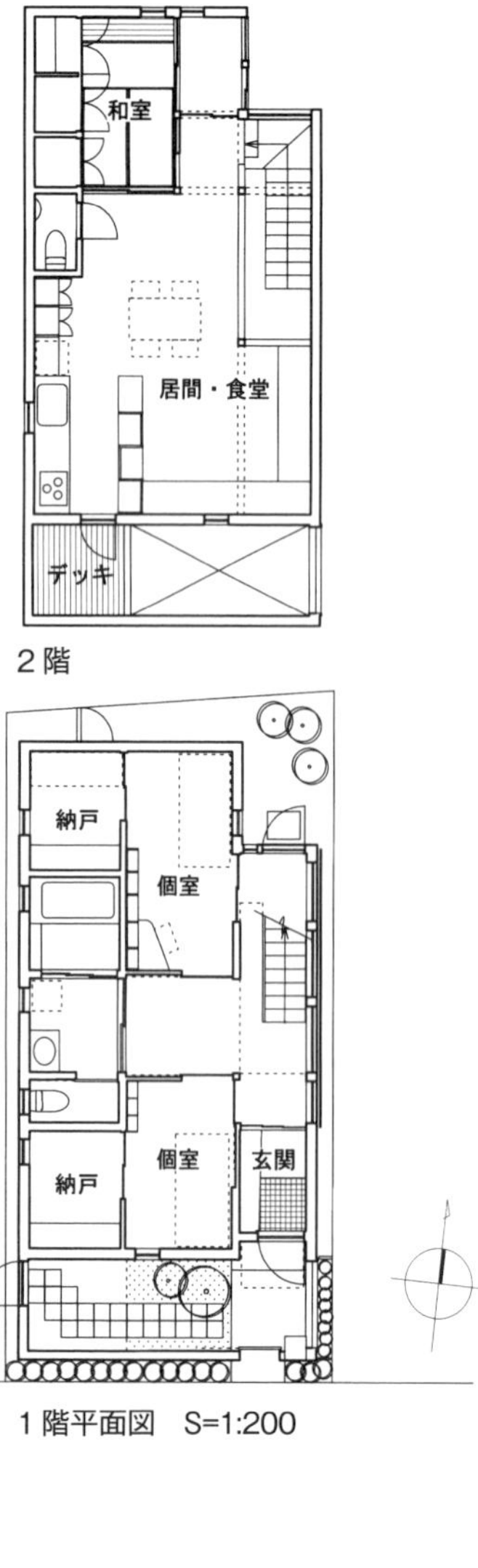

1階平面図　S=1:200

■中心市街地に建つ住居／浦和SH

所在　埼玉県さいたま市
家族構成　姉妹
構造規模　木造2階建て
敷地面積　75.90㎡
建築面積　45.79㎡
延床面積　88.70㎡
1階/45.79㎡
2階/42.91㎡
施工　有限会社北都
竣工　2003年3月

ギャラリーと仕事場のあるふたつの住居

さいたま市の旧市街で、ふたつの住宅を建て替えた。施主はいずれも私の中学時代の恩師である。一九九七年に竣工した「ギャラリーのある二世帯住居」は三姉妹の二人の妹夫婦の住居である。そして、二〇〇〇年に竣工した長女の姉夫婦の家「働く場所をもつ住居」は、妹たちの家から歩いて五分の距離にある。

◉戦前からの住まいの建て替え

定年後の生活を考えて、人が集まったり、文筆活動やビデオの編集作業ができる部屋をつくった「働く住居」である。

駅前の商店街から一歩入った戦前からの住宅地は、落ち着いた住まいが建ち並ぶ静かな一画であったが、地上げで住宅は次々と姿を消し、ビルや駐車場に変わっていく。そんななか、ギャラリーとアトリエのある住居として、ふたりの妹夫婦は二世帯の生活の場と働くスペースをもつ住居を建てた。大きなコブ

2階に大きなデッキとコブシの木のある「ギャラリーのある二世帯住居」外観。道路が整備され、商店街の人通りは増えた。

シの木のある木造二階建ての家である。

夫婦二人で静かに郊外の住宅地で生活をしていた家族と、書家の夫と妻、息子の三人でデザインと印刷の仕事をする仕事場兼住まいで生活をしていた家族が、戦前からの木造住宅を建て替えて、共同で住むことにした。規則正しい生活習慣の姉夫婦と、夜型の生活の妹一家。まったく生活時間が違う二家族はそれぞれ玄関を独立させ、二階の木のデッキが外から二軒をつなぐ庭のような役割を果たしている。

◉大きな木のデッキ

施主から提示された希望は、街並みに対して大きな木を植えることであった。商店街の道は人通りも多い。二世帯を二棟に分けて、一階はギャラリーと駐車スペースにし、二階に物干し場を兼ねた二世帯をつなぐ大きなデッキをつくった。ベンチと物干し場が、屋外の生活の場でもある。木造のデッキと大きな木を植えることで、ビルに囲まれた街にやわらかな表情をつくり出したいと考えた。

大きな木のデッキは通行人の眼を引くようだ。「家はありますが、駐車スペースの上に

二世帯をつなぐデッキ越しに見る街並み

木のデッキをつくれますか」と、このデッキを見た人から何度かデッキだけを設計してほしいという依頼もあった。

◉ギャラリーは街のお茶の間

街の変化は人の生活をなぎ倒す勢いで進んでゆく。地上げが進む住宅街には駐車場とビルが虫食いのように占める。都心の一等地でも、地方都市でも同様に見られる典型的な景観である。経済効率だけを考えた開発は、長年住み慣れた土地に住み続ける住民の生活を力で押しつぶしていく。高齢になって住み慣れた快適な場所を失い、若い世代と一緒に住むために引っ越しをする人も多い。新しい土地での生活に馴染めず、長年住んだ土地を訪ねてくるご近所の方もいる。

ギャラリーは、こうした急激に変化する街のなかで、高齢者の拠り所にもなっている。人のつながりと場所のつながりを求めて、この街を訪れる高齢者がふらりと気軽に立ち寄る場所である。近くに住む長姉も会合や集会に共有のスペースとして活用している。

1階のギャラリーと商店街

2階の居間食堂とロフト

2階

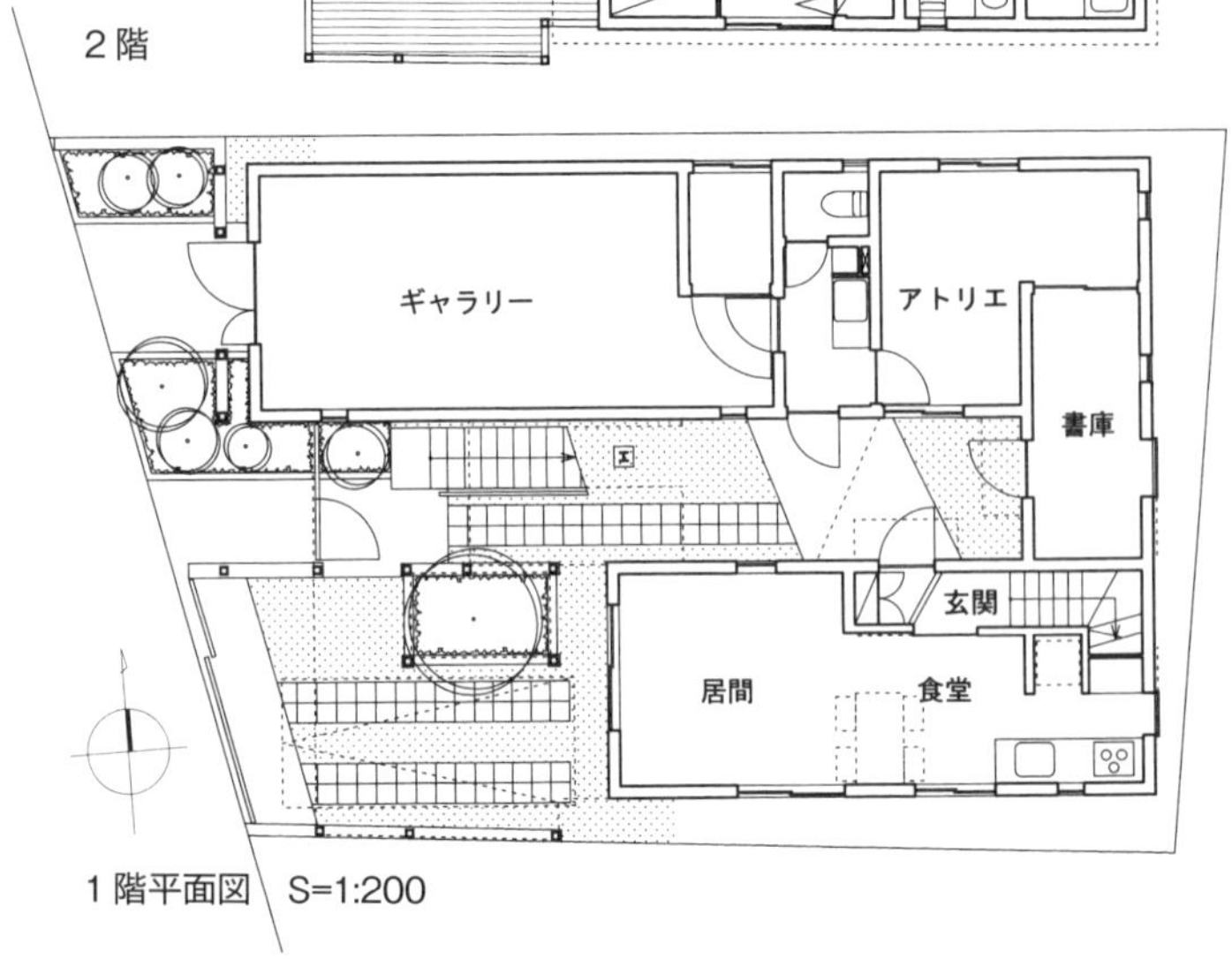

1階平面図　S=1:200

■ギャラリーのある二世帯住居
／浦和ＹＨ＋ＦＨ

所在　埼玉県さいたま市
家族構成　姉夫婦・妹夫婦＋子ども１人
構造規模　木造２階建て
敷地面積　168.65 ㎡
建築面積　88.36 ㎡
延床面積　215.77 ㎡
１階 /81.25 ㎡
２階 /81.25 ㎡
ロフト /53.27 ㎡
施工　（株）テルミ
竣工　1998 年３月

◉定年後の「働く場所」をもつ住居

二世帯住居が完成すると、近くに住む長姉夫婦も住まいを建て替える決断をした。定年後の生活を考えた働く場所をもつ住居である。夫は高校の数学教師、私の恩師である中学の国語教師をしていた妻は、現在は読書会や文筆活動をしている。夫の書斎として、ビデオの編集とコンピューターのある仕事場、書庫、そして読書会などを開く居間は、日常のプライベートな生活の場とはゆるやかに区切られ、人の集まる場所をつくっている。今では手に入らない書籍を収蔵した書庫は小さな図書館として使いたいとも考えている。

建て替えにあたって庭の柿の木を残すことが設計の条件であったが、サザンカ、椿を植え替え、数年経った今では、柿の木だけではなく、大きく育った植木の緑に囲まれて生活している。また、以前は東向きに家を配置して隣家との間に庭をとっていたが、方位を九〇度南に振り、南の道路側に庭をとることにした。そのことで同じ敷地でありながら、生活の気分は大きく変わった。夫婦それぞれが働く場所をもつ住居は、親の世代からつながる人のネットワークを広げる場所を家のなかにつくっている。小さな個人の提案が人の関係、地域の輪を少しずつ開いている。

◉車椅子でも暮らせる工夫

高齢になっても自立して暮らすことができるように、加齢に応じて住み続ける工夫をし

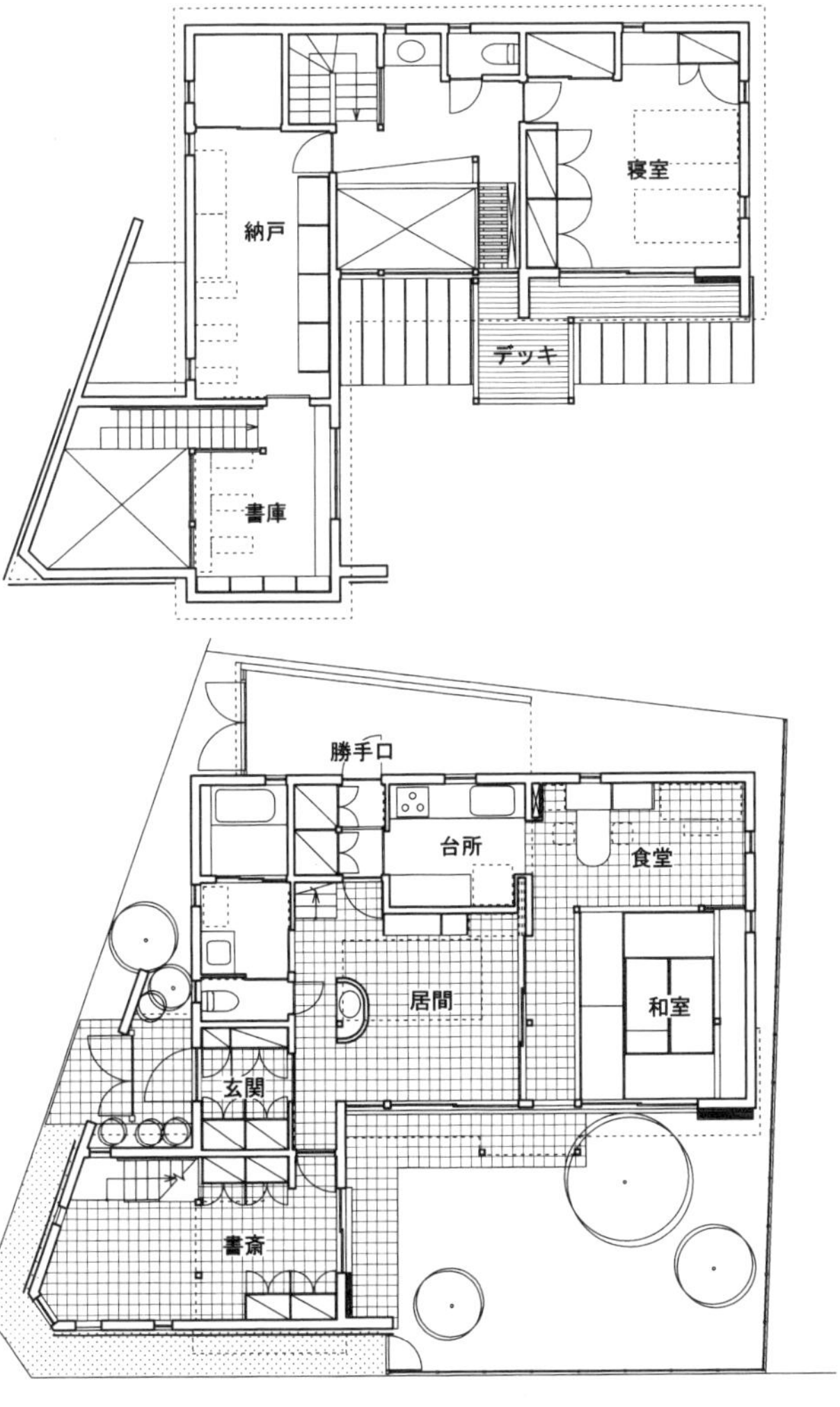

2階

1階平面図
S=1:200

■働く場所をもつ住居／浦和NH

所在	埼玉県さいたま市
家族構成	夫婦
構造規模	木造２階建て
敷地面積	175.27 ㎡
建築面積	101.49 ㎡
延床面積	142.81 ㎡
1階 /84.42 ㎡	
2階 /58.39 ㎡	
施工	㈲清水工務店
竣工	1999年12月

た。建て替え前の家では、夫婦それぞれの親を引き取り、看取った経験がある。その経験から車椅子になっても自宅で暮らせる工夫をしている。

来客も多い現在、一階のトイレは独立して廊下側から使っているが、将来、車椅子が必要になったときには脱衣室とトイレの間を開放して広く使えるように建具を工夫した。また、ベッドを入れて、一階だけで生活ができるようにも考えてある。

冬期に室内の温度差が大きくならないように床暖房を設けた。一階の床は土のタイルで仕上げた土間である。この土間は冬は太陽光エネルギーを蓄え、部屋を暖める。また梅雨時には調湿作用もある。

居間は土、木、和紙で床、壁、天井を仕上げている。土や木、和紙などの自然素材は、時を刻み、触感を生かす。洗面台を組み込んだ曲面の粗い表情をもつ家具を土壁でつくった。土壁は人の手の跡を生かす柔らかな素材である。太古の大地とのつながりを感じさせ、光を受けて、豊かに表情を変えていく。

1階の床は土タイルを敷いた土間。奥の和室とは建具で仕切られ、読書会など人の集まる場所になる。

道路からの外観。左側1階がビデオ編集などの仕事場、2階は書庫と納戸

多世帯で一緒に暮らす

田んぼに囲まれた「終の住処」

◉人が集まる終の住処

　田んぼの一画に建つ木造の小さな住まい。竣工間近の現場にはいろいろな人が集まって大賑わいだ。田んぼの土を使って、型枠のなかに土をつき固めて、版築《はんちく》の家具をつくった。ワークショップには学生や版築に興味のある人、近所の方も散歩をしながら顔を出す。

　「第三の人生を生きるために家を建てることにしました。ひとりは淋しいかなと、いろんな人が来てくれるように、趣味のパンづくりを活かしてアトリエで天然酵母のパンとおいしいお茶の飲める場所をつくろうと考えてよかった」と、五〇代半ばの平塚里美さんは楽しそうだ。

　利根川沿いの田園地帯、埼玉の大利根町に建つこの住居の計画は、二年前に始まった。子どもたちも成長して結婚、就職したのを機会に、平塚さんは長年のマンション暮らしから生まれ育った土地で趣味のパンづくりを楽しみながら第三の人生を送ることにした。

　最初に設計をスタートしたときには、「子どもたちも独立して、夫は小説を書くための書斎にひとりでこもっているので、私ひとりで暮らす小さな住まいをつくります」と相談に来られた。今話題の「おひとりさまの老後」である。二〇代で結婚をして実家を離れ、千

田んぼが広がる関東平野の屋敷林のある風景

葉市内のマンションで生活をしてきた平塚さん。五〇代で、これから自分が生きる場所を考えた。そして三〇年ぶりに生まれ育った自然に囲まれた土地で、田んぼのなかで暮らすことにした。

自分ひとりのための小さな住まいには、趣味を活かした台所とアトリエをつくり、パンを焼いたり、パンづくりを教えたりしながら人が集まる場所をつくりたいと考えた。

実家の田んぼの一画を造成して建てた住まいは、平屋の建物に一部、小屋裏のような二階が載っている。田んぼの前に浮かぶ大きなデッキを高床にして、住居部分と大きなデッキを挟んでアトリエをつくることにした。居間・食堂と趣味のアトリエの間を東西に抜ける大きなデッキは外部の居間になる。半外部の空間が生活の場を広げ、人が集まる場所になる。目の前に広がる田んぼの瑞々しい緑は本当にきれいだ。春の田植えから秋の稲刈りまで、稲の生長を楽しめる。将来は春にレンゲ畑の風景をつくる夢がある。

◉自然のなかで暮らす

若いときは都市で働き暮らしていても、引退後の生活を自然に囲まれた田舎暮らしに求めるのが、欧米では理想の生き方といわれている。別荘地に通年生活ができる住まいをつくるという選択肢もある。けれどこれまで便利な都市生活をしてきて、突然自然のなかで生活をするのはなかなか難しい。平塚さんが五〇代になって選択したのは、自然のなかで両親が住む家と「スープの冷めない距離」に新たな拠点をつくることであった。

関東平野のほぼ中央に位置する利根川沿いの穀倉地帯、大利根町の実家では、元気な八〇代の両親がまだ現役で田んぼと畑を営んでいる。長男である兄一家も隣に住む。新たにご近所付き合いも始まる。地域では食のネットワークも広がりそうだ。田んぼや畑、土に根づいた底力を感じさせる人のつながりを予感させる新たな生活が始まった。

◉散居型多世帯、多世代の住まい

計画が進むと、いつの間にか「人が集まる終の住処」になってしまった。次女も一緒に住むことになり、納戸に予定していた部屋は、小説を書くご主人用の書庫兼書斎になった。自分ひとりの終の住処は、いつの間にか多世

高床のデッキから見る田んぼ

版築で家具をつくったアトリエ

左頁上／アプローチから見る東側外観。デッキの右が住居部分、左がアトリエ
左頁下／アトリエと居間の間のデッキからアプローチ方向を見る。デッキにはカツラを植えた。

代が距離をもって住む家になった。実家は娘さんを出産する前の悪阻《つわり》がひどい時期に、何カ月も家族でお世話になった場所でもあった。娘夫婦と成人した孫が近くに住むことで、三世代の交流が始まる。実家のご両親は嬉しそうだ。

田んぼや畑が広がる地域で働いているのは元気な高齢者ばかりである。散歩する人も働く人も高齢だ。八月には、「組」と呼ばれる地域の集まりに夫婦で顔を出した。料理とお酒を囲んで一日過ごし、知り合いの噂話を肴に盛り上がる。若い頃には興味もないわずらわしい社会も、少し距離をおいて観察しながら参加するのは楽しそうだ。また三〇年の年月を経て地元に戻ると、新しい出会いがたくさんある。

平塚さんは、新しい人間関係をつくるために積極的に地域の活動や集まりに顔を出している。高齢になってからの生活をスタートするために、今までとは違った新しい付き合いが始まりそうだ。地域の活動が広がるような場所をつくっていくことを考えている。田舎暮らしに備えて、娘さんは今、運転免許を取るために教習所通いの真最中である。

■田園の住居／大利根HH

所在	埼玉県北埼玉郡大利根町
家族構成	夫婦＋子ども1人
構造規模	木造平屋 一部2階建て
敷地面積	494.62 ㎡
建築面積	97.41 ㎡
延床面積	113.97 ㎡
1階 /84.99 ㎡	
2階 /28.98 ㎡	
施工	㈲アルファプランニング
竣工	2008年10月

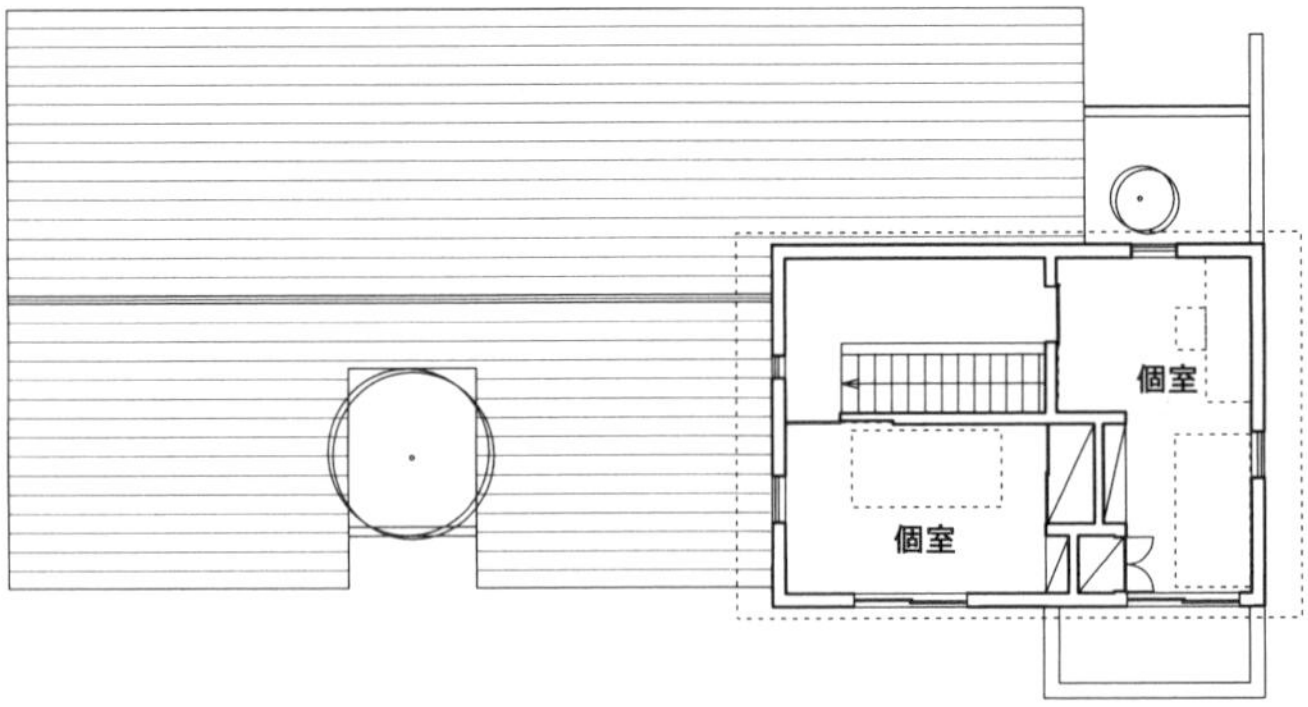

2階

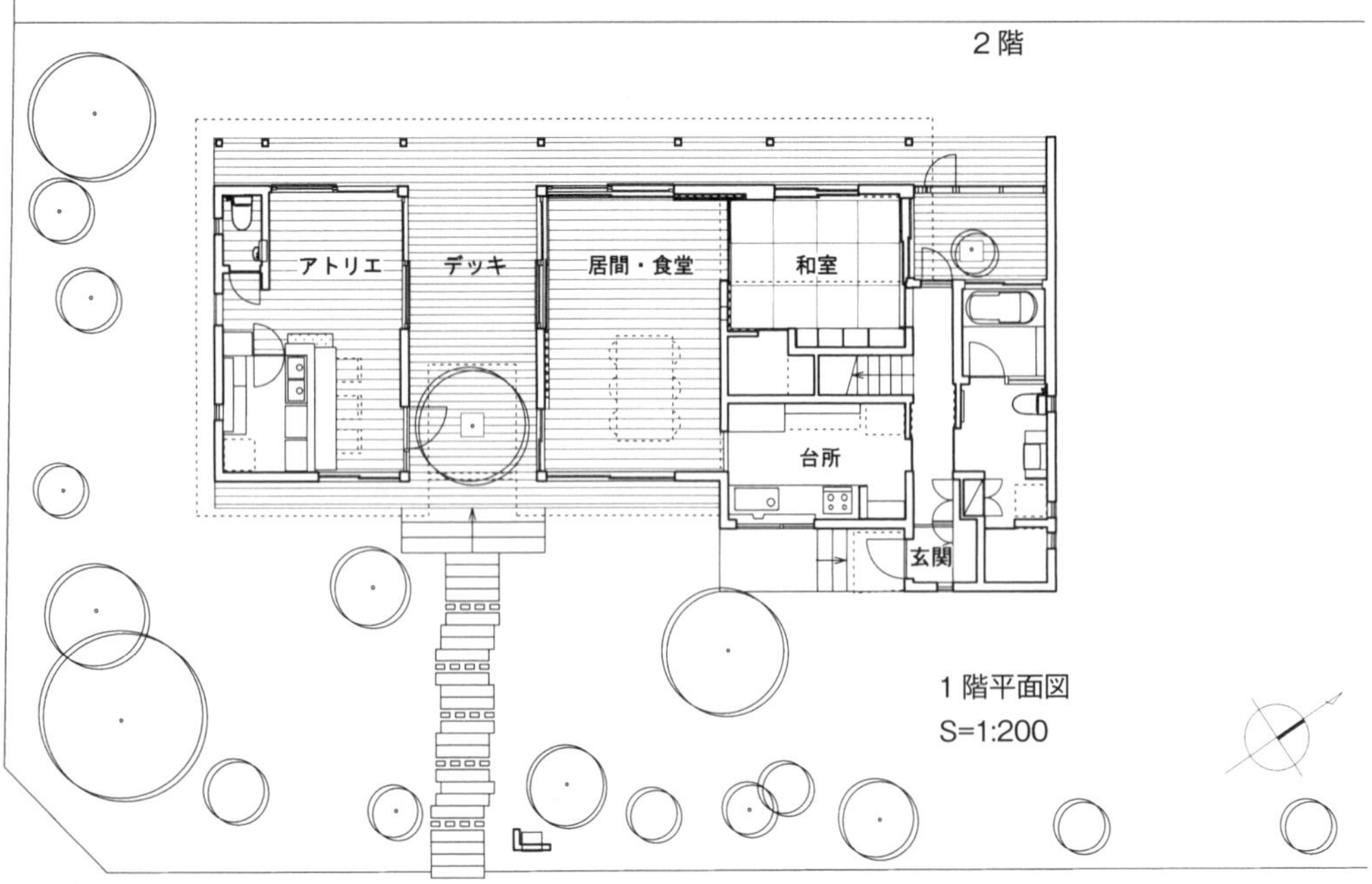

1階平面図
S=1:200

居間はデッキと連続するように、東南、西南のコーナーを開放している。右側は障子、左側は杉の縦型ブラインドで外の視線を仕切る。12 月、竣工後初めてのパン教室を開き、参加者は焼きたてのパンを楽しむ。

居間から和室と浴室前のデッキを見る。右奥が台所。壁は田んぼの土と漆喰を 1：1、砂、のり、ワラスサを混ぜて粗い表情に仕上げた。

仕事場のある三世帯住居

◉仕事場を備えた共同住宅

劇作家の平田オリザさんは東京駒場で生まれ育った。活動の拠点である駒場アゴラ劇場は、大学時代に住まいを突然お父さんが劇場に建て替えてしまったものだ。その後、運営をしながら借金を返した経緯は、『地図を創る旅』（白水社、二〇〇四）に詳しい。

駒場に夫婦とそれぞれの親が共同で暮らす住居を建てる計画は、二〇〇三年の暮れに土地が決まり、スタートした。そして二〇〇五年二月、コンクリート打放しの大きな傾斜屋根の下に、三世帯の住まいとふたつのアトリエが凝縮したコンパクトな住居が完成した。屋上には小さな庭もある。地下一階、地上三階、三世帯が集まって暮らし、演劇活動と音楽活動の拠点となる共同の住まいである。四〇代のオリザさん、陽子さん夫婦と六〇代と七〇代のそれぞれの母親との三世帯の住まいは個人領域の独立性が高い共同生活である。けれど同じ場所に集まって住むことで何よりも安心感が生まれている。

◉採光を工夫した共用居間

メインの台所と食堂がある二階の居間は共用の場所である。台所は料理が好きな陽子さんのお母さんの領域だ。外国からの来客を迎えるための居間は劇団関係の人や仲間も集まる場所になる。階段室との間は引き戸で仕切り、閉じることも開放して階段を取り込んで使うこともできるように考えた。

この住まいは一軒の木造住宅が建っていた敷地を三分割した土地の北側に位置するため、近い将来、南側に三階建ての住居が隣接して建てられることを考慮する必要があった。そのため二階の居間には南側にトップライトを設け、冬でも室内に陽が入るように工夫した。南側の正面は隣家の視線が気にならないようにコンクリート打放しの壁にして、下半分は通風も考えて窓を開け、障子を透して間接光が入るようにした。台所の北側にも上部トップライトから採光する工夫をしている。直接光の動きと間接光の表情が空間に広

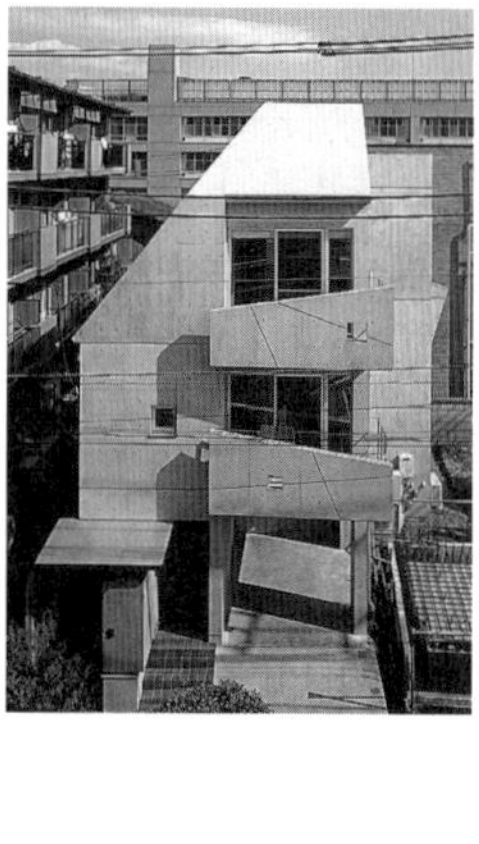

西側外観。アトリエ入口と真中の玄関、三階には天井の高いスタジオがある。

エレベーターのある階段室

■アトリエのある３世帯住居／駒場HH

所在	東京都目黒区
家族構成	夫婦＋夫の母＋妻の母
構造規模	ＲＣ造地下１階 地上３階建て
敷地面積	83.00 ㎡
建築面積	49.77 ㎡
延床面積	194.00 ㎡ 地階 /52.90 ㎡ １階 /46.55 ㎡ ２階 /49.77 ㎡ ３階 /44.78 ㎡
施工	三栄建商株式会社
竣工	2005 年２月

2階の居間は共用スペース。トップライトからの直接光と障子を透した間接光で落ち着いた場所にしたいと考えた。

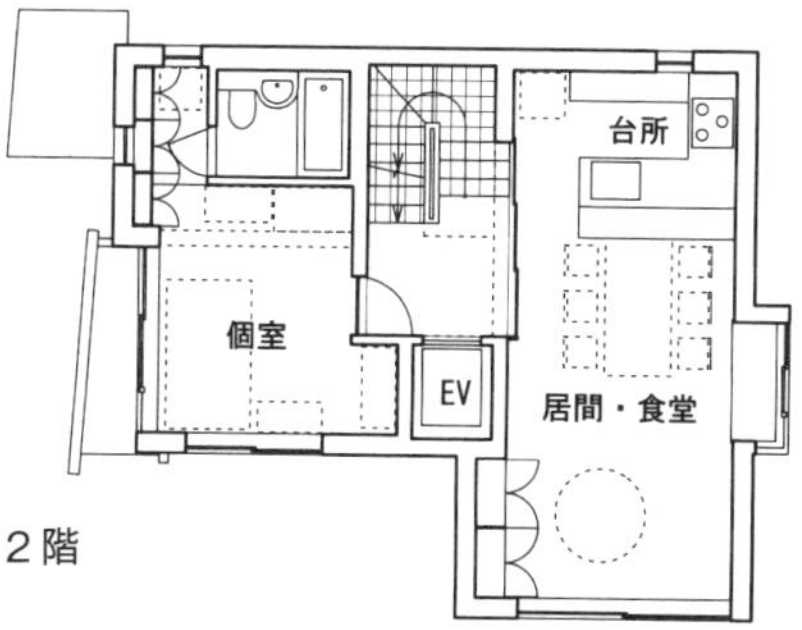

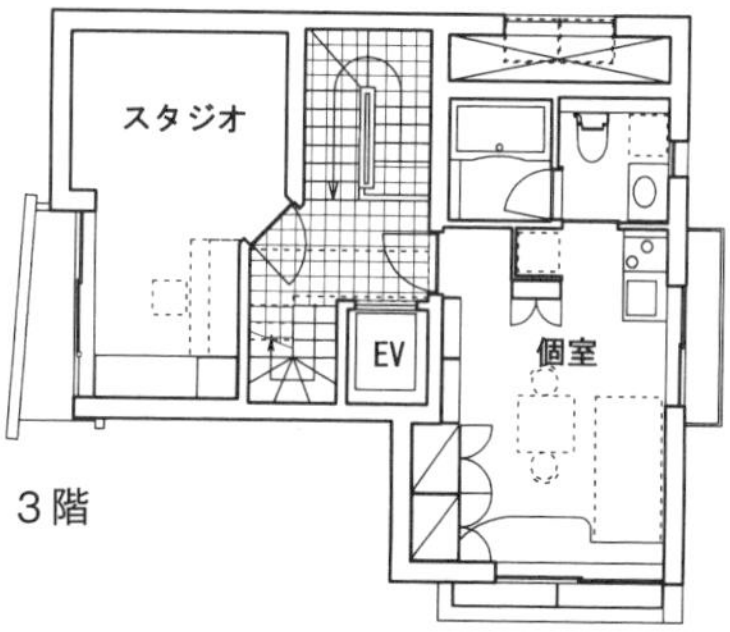

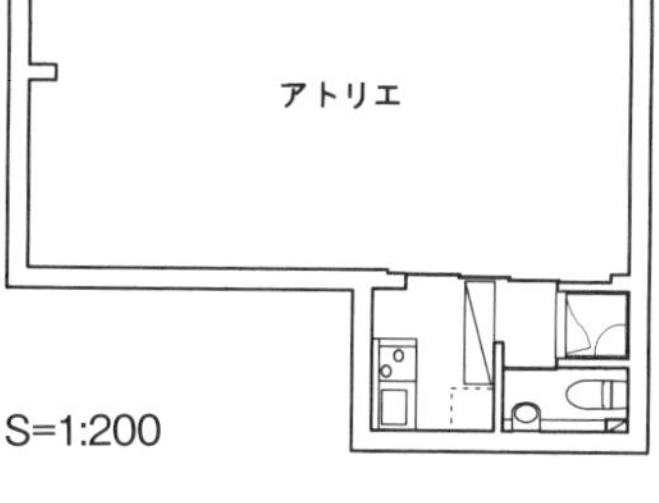

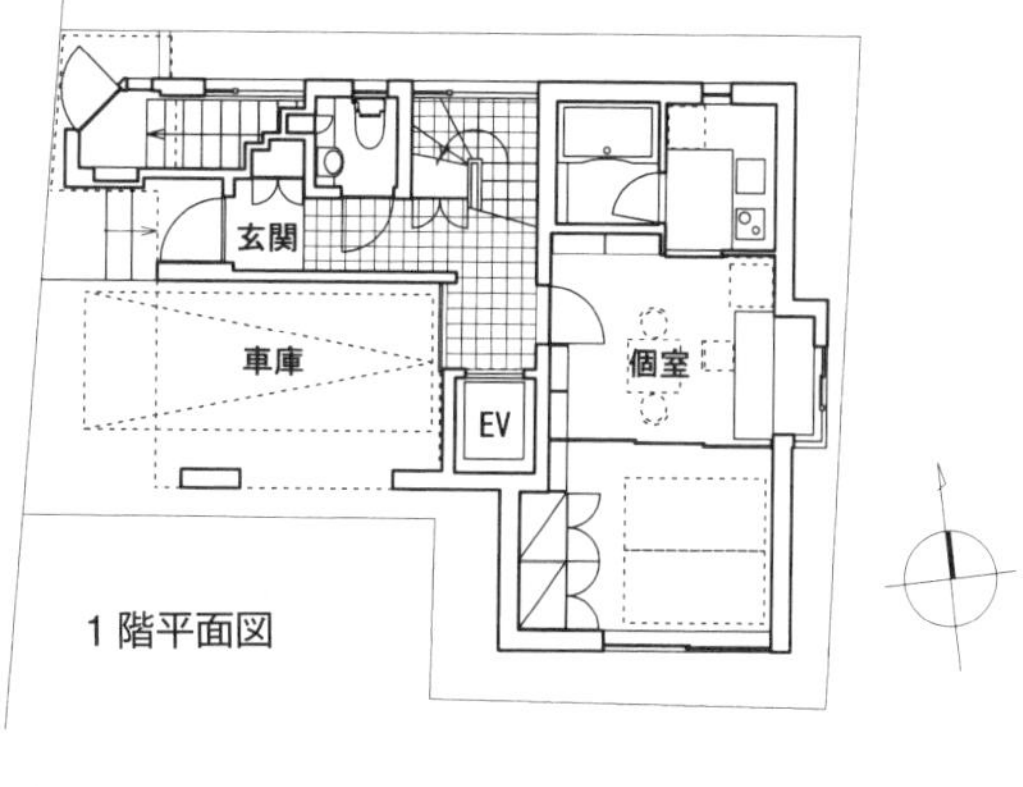

がりを与えるように考えた。

◉独立した三つの個室

最小限ともいえるスペースの個室には、それぞれの生活に合わせて独立したミニキッチンと浴室、トイレ、洗濯機など、平田さんがプログラムした設備を備えている。一階、二階、三階に独立した個人の領域として、家にいる時間が長い住人の部屋には日照が確保できるように配置計画をしている。

浴室や洗濯機などの設備部分を共用にして居室部分をもっと広げる住み方もある。けれど平田邸では、メインの台所と食堂、居間を共用にして、三つのインターホンをはじめ個室の独立性を優先している。そして生活の上で比重の大きい平田夫婦それぞれの仕事場を三階と地下に設け、仕事仲間が出入りしやすいように計画した。三階は音楽スタジオで吹抜けに小さなステージをつくり、フルバンドの演奏もできる。また地下には演劇の稽古場を設けた。

◉共用部分は住居のなかの路地

垂直方向の共用空間である階段室は、それぞれの生活の気配が伝わる路地のような役割を果たすように考えた。屋上へ続くブリッジを見上げ、上部開口部から陽が落ちる光の空間でもある。住宅地でありながら、三階建てが建ち並ぶ環境では、隣家との視線、採光の工夫が必要であった。

◉土で仕上げる

地下の稽古場と玄関廻りは土を使った左官で仕上げることにした。稽古場の仕上げは劇団員が集まってみんなで手で仕上げた。左官名人の小沼充さんと舞台美術の杉山至さんの指導で、平田さんのオリザという名前から稲穂のイメージを描きながら一気に仕上げた。玄関廻りは私の事務所のスタッフが下塗りをし、仕上げは小沼さんにお願いした。道路側には稲穂をレリーフにした。

平田邸に久しぶりに伺うと、稲穂は丁寧に掘出されて跡が残されている。壁には小さな引っかいた跡が残る。どうやら近所の子どもたちの格好の遊び場になっているらしい。街がどんどん固くなっているなかで、やわらかい壁は子どもたちにも魅力があるようだ。

右頁／階段室から見る2階の居間・食堂と台所。防音建具をすべて引き込み、階段室を居間の一部として広げられるようにした。

地下のアトリエの壁は劇団員と設計事務所のみんなで土を塗って仕上げた。

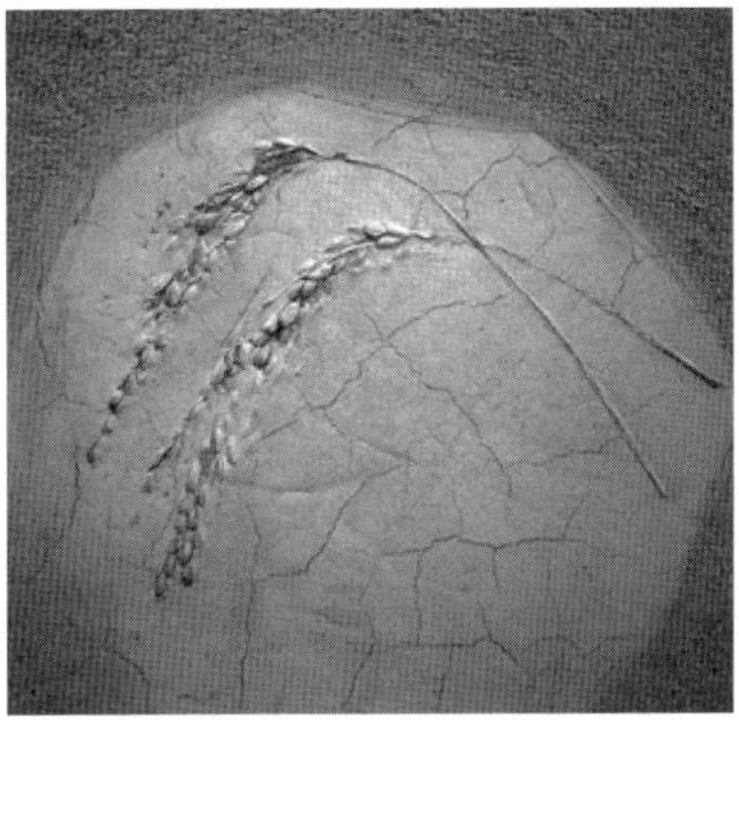

玄関の土壁には稲穂をレリーフにした。

インタビュー　平田オリザ

独立しながら共に住むかたち

●三世帯の住まいを建てたきっかけ

齊藤　最初に平田さんご夫婦と、オリザさんと陽子さんそれぞれのお母さんの三世帯で一緒に住むための住まいを建てたきっかけを伺えますか。

平田　五年ぐらい前になりますが、父が癌だということがわかって、それまで住んでいた永福町から駒場に引っ越してきました。元々駒場で暮らしていました。一高の寮にいた父が、土地を買って住み始め、私が大学時代、父がそこに劇場を建てて、両親は劇場の四階に住んでいました。劇場も忙しくあわただしくなって、十数年程前に永福町に移りました。けれど、最後は駒場に住みたいというのが二人の意向でした。その頃、陽子の母も駒場に住んでいて、そのマンションの隣が空いたので、急遽、引っ越して住むことにしたのですが、ここの辺りは家賃が高く、借りているよりは家を建てて住宅ローンを払ってもあまり変わらないとわかったので、土地を探していました。たまたま散歩していたら、大きな土地を三分割して、この土地が売りに出ていたんです。

齊藤　土地が決まったときには、とにかく早く建てたいというお話でしたが、初めて打ち合わせに伺う前に、お父さんは亡くなられましたね。

平田　亡くなる前に土地が決まったことは話をして、ここに住むんだよと報告をすることはできました。父が亡くなったので、私たち夫婦とそれぞれの母親が住むということで設計をお願いしたわけです。

齊藤　住宅には非常に保守的な面があって、誰の土地に建てて誰が住んで、誰が継ぐか。そういう問題があるので、夫婦とそれぞれの親が一緒に住むということは、あるようで実際はなかなかないんですね。

平田　そうですね。珍しがられます。一番面白かったのは、うちの劇団員の親たちが、やはり子どもと一緒に住みたい人が多いらしく、劇団員に「見習いなさい」といったとか（笑）。

　三世帯で住む一番の理由は経済的なことです。二人ともまだ元気で、比較的行動的なので、それぞれ教会に通ったり、劇場や美術館にもよく

久しぶりに家族全員が居間に集合

行きます。郊外でひとり暮らしもあるのでしょうが、都心部に住みたい。この大きさなら三世帯が独立して簡単な台所とトイレや浴室を備えて住むのも可能かと考えて、ここに建てることを決めました。

●生まれ育った土地に住み続ける

齊藤　今まで生活してきた土地に住むことで、とても印象的だったのは地鎮祭のときです。神主さんも親子二代、施工する工務店もお父さんがアゴラ劇場を施工して、今回は息子さんという二代、そして施主の平田さんも二代というので、そのときも話題が盛り上がりましたね。それに地元の電気屋さんから洗濯機を購入したり、平田さんは地元をとても大事にされていますね。

平田　今も劇場は地元で商売をしているわけですが、商店街で生まれ育ったので、そのことに関しては初めから引き受けて、ある程度は覚悟をして暮らしていくことを考えています。床屋さんは劇場の二軒隣なので、そこでしか切ったことはないです。すぐばれちゃいますから（笑）。

　お祭りなどは劇団の若い人たちが頼りにされています。劇場は地域にコミットしているものなので、劇団の役割だと思っています。生まれ育った場所なので、愛着はあります。

●独立しながら集まって住む工夫

齊藤　設計の段階で、集まって住むことで共有するものとしないものをかなりはっきりと分けて計画をしましたね。

平田　親子関係が比較的クールなのでできたことだと感じています。そんなに近くもなく、遠くもない関係です。

　母は比較的一人で本を読んで過ごすことが好きなので、自分の部屋で調理もし、水廻りもすべて設けて独立して生活をできるようにしました。陽子の母は料理が好きなので、メインのキッチンを任せて、個室には水廻りと洗濯機を置いています。三世帯で少しずつあるものが違うんです。それぞれのスペックを書き出して、確認して決めました。

　僕たちの部屋は、トイレを外の共用のパブリックスペースにつくったので、いちいち服を着てトイレに行かなくてはならないので少々不便ですが、来客用のトイレを兼ねたのは、我ながらアイデアだったと思っています。

　共有で使う居間のスペースは僕の希望でつくりました。外国からのお客さんが多いんです。これまでは小さなマンションだったので、お客さんを招待することができませんでした。私た

自邸について語る平田オリザさん

ちが海外へ行くと、必ず家に招待されるのに日本では呼べないことが申し訳ないと感じていたので、人を呼べる場所をつくりました。ここは冬も暖かいですし、落ち着きますね。そして、お客さんが来ると劇団員も含めて二〇人くらいは入ります。暖かい季節は建具も開けて使うこともあります。

齊藤　すべて独立した住まいの集合ではなく、共有の場所をもっているところに、この家の特徴がありますね。

平田　ひとり暮らしのそれぞれの親と暮らすという例は、頭のなかでは漠然とイメージがあっても実際にはあまり例がないのでしょう。これだけコンパクトに三世帯の住宅をかたちにして見せられると、みなさん感心します。この間も叔父の大林宣彦が夫婦で来ましたが、とても感心して帰りました。

齊藤　二世帯住居や三世帯住居では、完全に独立して生活するか、中心になる世帯があって、そこに付属してサブのスペースをつくることが多い。平田さんの住まいは、一つひとつが独立していながら、共有の場所をつくって集まって生活をしているところが特徴になっています。そして、普通に考えると一番の中心になるオリザさんと陽子さんの住まいが最も圧縮されています。

平田　僕は家にいることが少なくて、陽子はスタジオにいる時間が長いですからね。そんなに不自由はないですね。母と一週間とか一〇日とか会わないことがあるので、メールで連絡を取ったりしています。お互いの生活の時間もずれています。母にしてみれば、それでも一緒に暮らしていることは安心ですし、元気なうちに一緒に暮らし始めたことは良かったです。

齊藤　劇団で集団生活をするなかで、オリザさんはルールをつくるのがとても上手だと伺っていますが、家族であっても三世帯で住んでいるうちにできたルールはありますか?

平田　基本的にあまり干渉しないということですね。世間から見ると冷たいと見えるほどです。生活の時間帯がまったく違いますから、食事もほとんどバラバラで、四人で食事をするのは年に数回です。居間は共用のスペースですが、母は自分の部屋で食事をしているので、ここを使うのは三人です。朝はできるだけ陽子と一緒に食べるようにしていますが、なんか寮みたいですね。寮の食堂で好きなときに、好きに食べてくださいといった生活です。

齊藤　ひとつの家で一緒に暮らすことで一番変わったことはなんでしょうか?

キッチンに立つ陽子さんの母

平田　やはり安心感ですね。圧倒的に違います。

●家族と老い

齊藤　今、家族を家で看取る機会がどんどん少なくなっていますが、オリザさんは、おばあさんの最期を自宅で看取ったと書かれていますね。

平田　あれは祖母がアゴラに住んでいた頃で、僕は近くの小さなアパートに住んでいました。何日か前から隣の茶の間に寝て、ほとんど付き添って一緒にいました。そして入院すると決まった、その朝亡くなりました。

齊藤　私も大家族で育って、祖父が大学時代に家で亡くなっています。普通に一緒に生活をしていて、日常のなかで亡くなりました。

平田　それは、とても大きなことだと思います。僕は今、大阪大学にいますけれど、医学部の大学院生が二五、六歳でも身近な人の死を一度も経験しないで医者になることが現実になっています。もちろんおじいさんやおばあさんが亡くなるということはあるのですが、離れて暮らしていると体験できません。なかなか難しい問題ですね。

齊藤　どのような介護が必要になるかは本人も家族も選べない。知人の医者夫婦は親を最期まで看るつもりで覚悟していたら、お母さんに認知症の症状が現れ、自宅より専門のグループホームのほうが良いということで、今はグループホームで生活をしています。

現実に高齢になって住む環境を考えると、介護が必要になるまでをどう生きるかが、建築にとっても大きな課題になります。ひとりで生きるのか、集まって住むのか。そして、子どもが少なくなって、別々に住んでいる親の介護をどうするかという悩みを抱えている人は増えている。それなら、まとめて一緒に住もうという考えは現実的でもあると思います。

平田　元気なときはひとりで生活をしていて、介護が必要になったときに一緒に住むより、元気なうちから一緒に住んだほうが助走期間があって、いざ何かあったときにあまり慌てずにすむのではないかと思います。それは適度な距離感があるから成立することだと思います。

齊藤　住まいの工夫も必要ですが、家族一人ひとりの気持ちの問題が大きいですね。本日は、ありがとうございました。

（二〇〇八年十一月　駒場、平田邸にて収録）

自室で読書して過ごすオリザさんの母

スタジオでピアノに向かう陽子さん

三世代住居のターミナルケア

◉子育てからターミナルケアの住まいへ

五〇代半ばの高校時代の友人が集まると、それぞれの親の介護、自分の老後が話題になる。それぞれの環境は異なるが、七〇代、八〇代の親の生き方と向き合っている状況は共通している。

仕事をもつ友人は両親と夫婦、子ども三人の三世代七人の住まいで、八八歳の母を看取った。この家は二〇年前、私が建築の仕事を始めてすぐに設計した住居である。当時、友人は結婚して子ども三人になり、生まれ育った家の建て替えをすることにした。マンションに住むか、親と同居して三世代住居として建て替えるか、何度も迷った末の決断であった。日本中がバブルに湧き、職人不足であった当時、手間の掛かる仕事を引き受けてくれたのが、知り合いの青森の工務店であった。冬の雪のある時期に、大工のチームが常駐して建てた青森ヒバの家だ。

敷地は住宅街の行き止まりの私道に面している。土地は約二四坪、延床面積二八坪。限られた面積での計画であった。敷地に対して、建物を斜めに振って配置することで、小さな三角形の庭を三カ所にとり、風の道や光を採る工夫をした。門や塀をつくらずに、南の庭を道路から五〇cm高くして、建物にレベル差をつくり、道路からの視線を遮っている。

両親の部屋を一階にして、小さなくつろぐスペースとベッドを置いて、お茶飲み友だちが気軽に庭から直接遊びに来れるようにした。洗面台も室内に備えた。すぐ脇に専用のトイレと共用の浴室を配置して、水廻りを使いやすくする工夫をしている。

娘家族の生活は二階が中心になる。ロフトのある二階の居間・食堂、台所は共同で一緒に使い、食事も一緒にするようにした。夫婦とも仕事をしてきたので、子どもたちは祖父母の手を借りて大きくなった。小さくても狭くても安心の子育ての住居であった。

◉地域のサポートを受けて看取る

子育てをしながらの二〇年近い時間は、地

産業道路側から見た東面外観

左頁／行き止まりの私道は安全な子どもの遊び場だ。一階左が両親の部屋

域の人とのつながりを育て、子どもたちの成長と両親の老いと向き合う時間でもあった。

八〇歳を過ぎて何度か入退院を繰り返した母は娘に、「できたら家で死にたい」といった。仕事をしていた娘は覚悟を決めた。数年前に八二歳の父を病院で看取ったときには、心臓病だったので、入院して一週間であっという間に亡くなった。そのときは、もっと手を掛けてあげられなかったかと、悔いが残った。

母の何度目かの入院のとき、暗い病院の待合室で高校生の娘と二人で座っていると、娘がポツリと「お母さんはあっさり死んでね」とつぶやいた。後に、今は看護師の勉強をしている娘にそのことを問うと、「そのほうが楽だろうと思った」という。彼女の眼にも祖母の度重なる入退院は、本人にとってもつらいものとして映っていたことを痛感したと、友人は振り返る。

もうひとつ、家で母を看ることに踏み切るきっかけとなったのは、お世話になっていたケアマネージャーのアドバイスだった。

「仕事をしながら入院している家族の面倒を看るのは、考えているより難しい。何かあるたびに病院に呼ばれ、長時間待たされる。体力も時間も消耗して、最終的には仕事を辞めざるを得なくなる。家で看たほうがいい」といわれた。すぐに話し合いを始め、訪問看護とかかりつけの医師とのネットワークを組むことにした。

家で看る決断をして、すぐにスムーズな話し合いができたのは、母がひとりで過ごすことが多いので、「要介護1」★1の元気なうちからヘルパーさんに来てもらい、長い付き合いができていたことが幸いした。入院して帰宅していきなり「要介護5」になった。病院に行くのも大変になっていた。ひとりでは歩けない、食事もできない。

それまでヘルパーさんにお世話になっていたので、すでに信頼関係ができていたことは、何よりも大きなことであった。それでも鍵の問題があった。家族が留守の家にヘルパーさんがひとりで鍵を開けて入ることは原則行なわないことになっていた。トラブルの原因になるからである。けれど、合鍵をつくって出入りしてもらうことにした。また母がひとりになる時間もあるので、誰もいないときに何かあっても責任を問わない誓約をした。

夜は子どもたちにも母の着替えやオムツ替

★1 医師と行政の訪問調査を受け、身体能力や認知症の程度により要支援1、2、要介護1から5までの要介護認定を受けると、利用できるサービスや介護保険の補助の割合が決定される。

半円形の階段室

左頁上／二階には居間・食堂と台所、畳コーナーと子ども室にロフトをつくった。
左頁下／子どもが小さい頃は友だちが何人も遊びに来た（撮影／一九九五年）。

えのために身体を起こしたり、身体を拭くのを手伝ってもらった。食事にも時間が掛かり、家事はどんどんできなくなるが、夫もまったく文句をいわずに見守ってくれたのはありがたかった。

仕事を続けながらの介護は約一〇カ月間であった。最後まで思考はしっかりしていたので、「今日は何月何日何曜日、天気は」と、毎朝話をするのが日課になった。帰宅が遅くなっても一言も文句をいわない母に、申し訳なく思ったこともあったという。

眠るように亡くなったときは、本当にご苦労さま、お疲れさまという気持ちでいっぱいになった。夫婦とも外で仕事をしていたので、小さいときから母に世話になって成長した子どもたちも介護を手伝い、みんなで協力して生活する結束の力を感じた。一緒に暮らしてこなければ、子どもたちと一緒のターミナルケアは実現できなかった。また地域の親身な人のつながりや社会的なサポートネットワークが、仕事を辞めないで家で最後まで親を看ることを可能にした。やれるだけのことをやった介護の時間は、家族にとって大変だったが、かけがえのない経験となった。

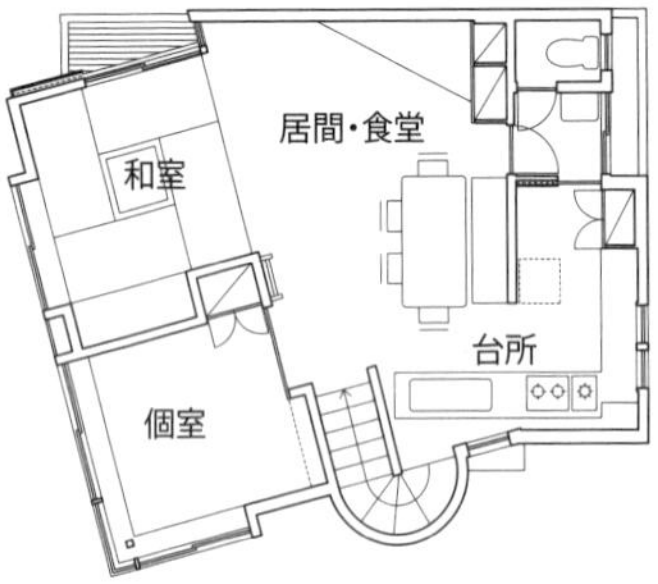

2階

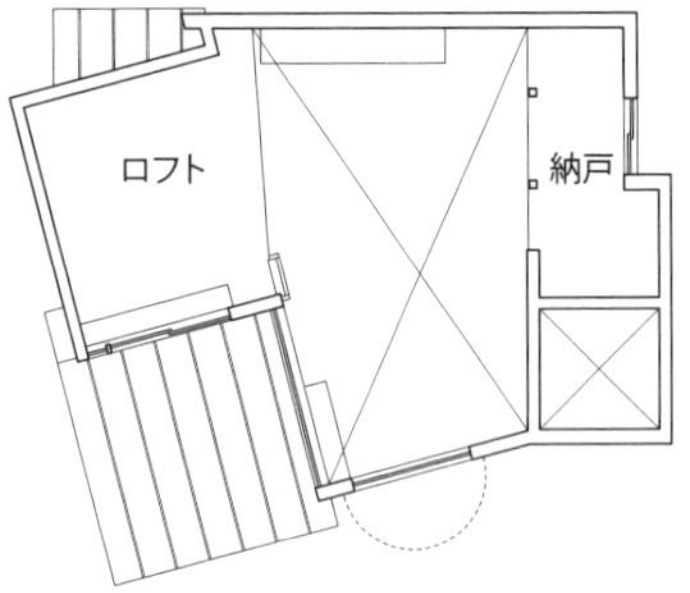

ロフト階

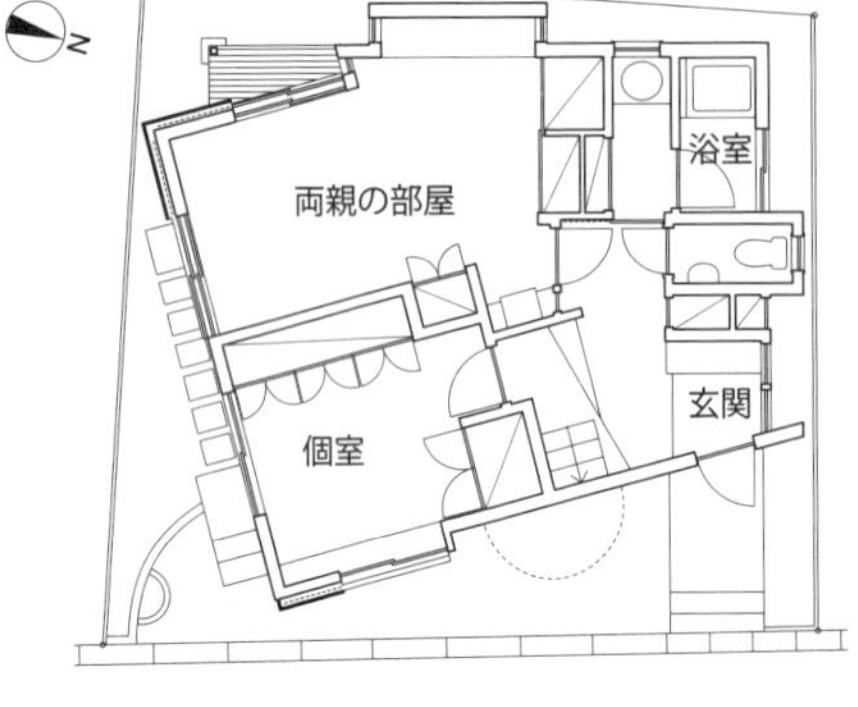

1階平面図　S=1:200

■産業道路の家／天沼TH

所在　埼玉県さいたま市
家族構成　夫婦＋子ども3人＋妻の両親
構造規模　木造2階建て
敷地面積　79.30㎡
建築面積　47.17㎡
延床面積　107.08㎡
1階/45.86㎡　2階/47.17㎡
ロフト/14.05㎡
施工　（株）世永建設
竣工　1991年5月

#「終の住処」を住み継ぐ

築四〇年、増改築した多世代住居

◉トイレ、洗面のある独立した部屋をつくる

四〇年前に両親が建てた住居に住む娘家族がその住まいを増改築をすることにした。娘の結婚を機会に、両親は新たに千葉に家を建てて暮らし、これまでそれぞれ独立して生活をしてきた。けれど高齢になった両親がときどき泊まりがけで遊びに来られるように、住み続けてきた住居の一階を大規模に増改築して、独立した部屋をつくった。

既存の鉄骨二階建ての住居は、一階に玄関、

和室を改装して外にデッキをつくった。

八畳の台所と食事室、六畳の居間、八畳の独立した和室、浴室、トイレと細かく区切られた間取りであった。二階には個室が三部屋ある。

二階の夫婦と中学生の次女の個室はそのまま使うことにした。一階は居間・食堂、台所と浴室、トイレをコンパクトにまとめながら、ひとつながりの大きな部屋にして、娘たちの友人も集まれるようにしたいと考えた。

曲面の塗り壁が、玄関から居間へ奥行きを強調して、空間を広く感じさせる役割を果たし、水廻りと居間を区切っている。居間には四畳半の畳コーナーをつくり、食堂の南側に四畳半分の木製デッキを増築し、広々と感じられるようにした。そして両親のために、東側にトイレと洗面を新たにつくり、独立した個室を用意することにした。

●人の集まる居間ができた

東南に日当たりのよい独立した部屋ができて、両親は何度か気軽に泊まりに来ているうちに、予定より早く同居が始まった。居間はいぶしの敷瓦の床と珪藻土の壁を粗い木鏝《きごて》で表情をつけて仕上げ、土の感触を生かしてい

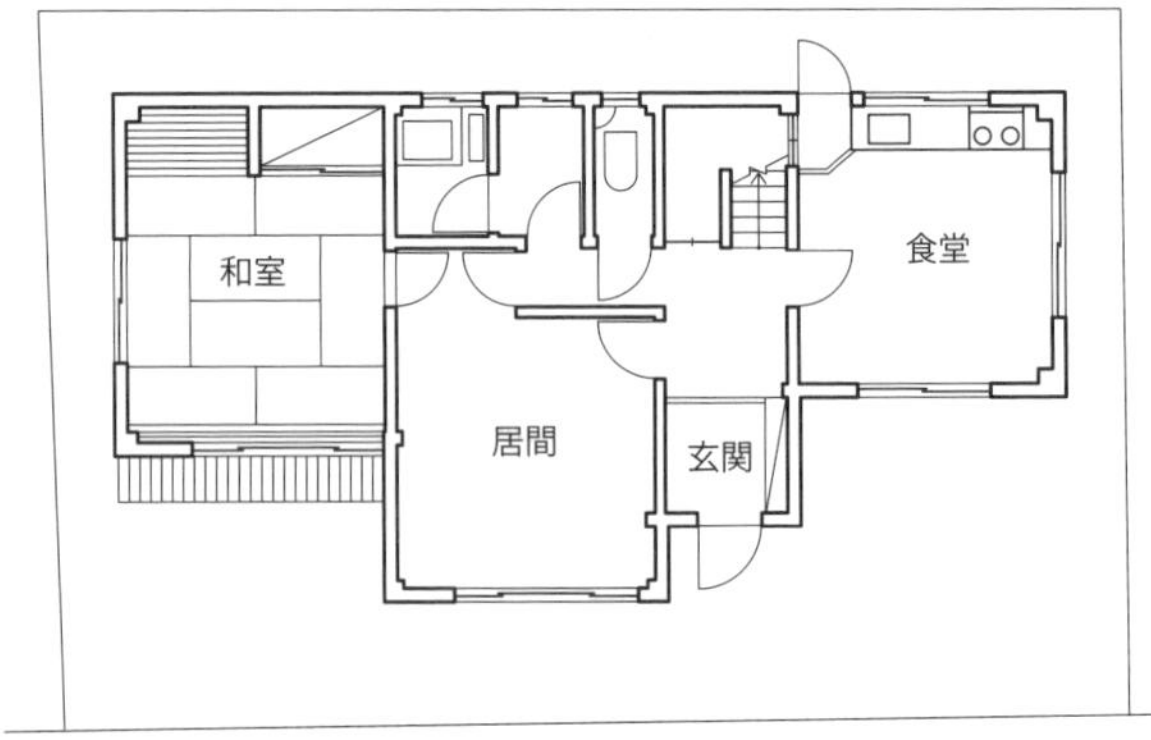

改修前の１階平面図

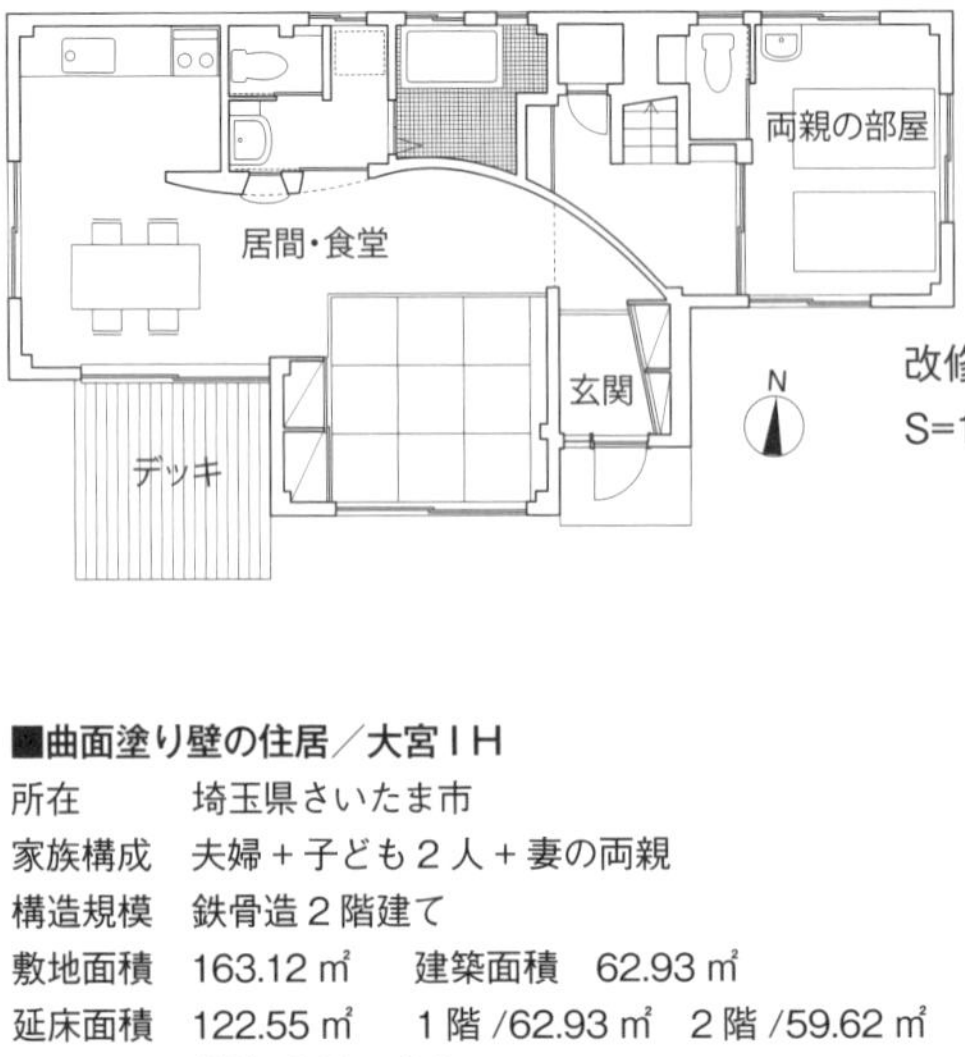

改修後の１階平面図
S=1:200

■曲面塗り壁の住居／大宮ＩＨ

所在　埼玉県さいたま市
家族構成　夫婦＋子ども２人＋妻の両親
構造規模　鉄骨造２階建て
敷地面積　163.12 ㎡　建築面積　62.93 ㎡
延床面積　122.55 ㎡　1 階 /62.93 ㎡　2 階 /59.62 ㎡
施工　（株）山崎工務店
竣工　1997 年 5 月改装

奥行きを感じさせる
曲面の土壁と敷瓦の床

る。足が悪いお父さんにとって、フローリングの床は滑りやすくて危なかったが、少しザラザラとした敷瓦の床は滑りにくく、とても具合がいい。

床には湿式の床暖房を設置しているが、南と西の窓から冬は部屋の奥まで光が差し込むので、敷瓦が太陽光エネルギーを蓄熱して暖まり、床暖房を使わなくても冬も暖かく、梅雨時は湿度を調整して快適に過ごせている。

夫婦は一緒に仕事をしているので、一日中外に出ている。両親は個室と一階を自由に使って生活をしている。居間は次女の友だちが集まる場所だ。

久しぶりに遊びに行くと、結婚した長女が夫と娘を連れてベルギーから帰国しており、しばらく同居することになったという。思いがけず四世代同居の賑やかな住まいになっていた。

水廻りと居間との間を区切る曲面の壁は、手の跡を感じる粗いテクスチャーに仕上げた。

一〇〇年住宅へ住み継ぐ「終の住処」

◉戦前の新興住宅地

私が生まれ育ち、今も暮らすさいたま市浦和は、戦前の新興住宅地である。明治時代に鉄道が敷かれ、昭和七年に都心からの電車が開通し、東京の郊外住宅地として地方から出てきた勤め人が住むために宅地化された。そして、戦災にあわずに代を重ねてきた。江戸時代、中山道の宿場町として栄えた浦和宿の商家や農村で暮らしてきた住民と、地方から移り住んできた新住民との区別は今でもはっきりとしている。

東京都内に比べると地価の上昇もゆるやかで、これまでゆっくりと時間が流れてきた。戦前の街並み、暮らしがつい最近まで残っていた。酒屋、米屋が御用聞きに来る。近所の八百屋も配達をしてくれる。子どもの頃は毎日、豆腐屋も家々に出入りしていた。家を建てるときには、それぞれ出入りの職人がいて、大工の棟梁も、あそこの家の鳶は、建具屋は、と把握していた。

四世代という時間を重ねることで培われた地域の近隣関係は、血縁や親戚よりも身近なものになっている。子どもから親の代、祖父母の代までゆるやかに広がっていく。新しい住宅地でも時間が経つことで、地域が成熟し、人間関係がつくられることは、現代も変わりはないはずだ。しかしそのためには、人が生きる時間と、生活の変化がゆっくりと重なることが必要だ。

私が住むこの街の穏やかだった時間も少しずつ速度を速めてきた。職人は次の世代に継がせることなく廃業し、地域の商店街も縮小していく。相続の影響で土地の細分化が進み、戦前の落ち着いた街並みは急激に姿を変え始めた。大きな樹木は切り倒されて、森は姿を消していく。平屋の木造住宅の後には、木造三階建ての建売住宅が何軒も建ち、住環境はどんどん悪くなる。

◉中廊下型の大家族住居

一九三二（昭和七）年、祖父母が五人の子どもを育てるために建てた木造住宅も築七六

台地と田んぼの境界に残された森も少なくなっていく。

玄関脇の応接間は私的な生活の場から独立した社会的な空間であった。

年、人間に置き換えると後期高齢者、介護も必要だが、まだしっかりと現役である。

大正末期から昭和初期にかけて建てられたこの典型的な「中廊下型住居」は、東側の玄関を入ると北側に洋館風の応接間があり、八畳と六畳の和室の続き間を中心に、その南には一間の広縁がある。中廊下を境に北側に家族が食事をする茶の間、女中室と内玄関、台所と勝手口、浴室と並び、北西にある「離れ」と呼ばれていた主寝室と西側のトイレが廊下でつながっている。台所の外には井戸と竈《かまど》があった。東南の六畳の和室は書生部屋として使っていた。

当時は女中や書生も同居していた。祖父の郷里、山梨の甲府から大工を連れて来て建てたという。祖母は三九歳で亡くなったので、この家で生活したのは七年間と短い時間であった。その後、祖父は再婚し、孫たちは新しい祖母にかわいがられて育った。子どもたちは成長して家を出て独立した。

私が小学生のときに東南に台所と居間を増築して長男一家が同居した。玄関、浴室は共用し、台所は二カ所で、食事は別に、真ん中の和室が緩衝領域になる独立性の高い多世代同居であった。

一九六四年、敷地西側に次男一家が家を建てて引っ越して来た。ますます賑やかな三世帯の生活になった。

今、住居の設計の仕事をしていて、生まれ育った中廊下型住居から影響を受け、学んだことが三つある。ひとつは用途の違う複数の出入口と複数の動線があることの空間の自由さ。ふたつめは庭に面した広縁や縁側が日常の活動や気軽な来客をもてなす自然とつながる場所であること。そして三つめに、家族の生活から独立した応接間が、社会とつながる場所であったこと。住まいのなかに独立した社会的な場所があることで、急の来客や宿泊、時間も気にしないで深夜まで語り続けることもでき、活動が広がった。現実に、母は障害者のためのお花の教室を家族の生活とは関係なく長年続けることができた。

◉独立した「離れ」と「隠居所」

祖父母が寝室にしていた「離れ」は、家の一番奥、西北に位置する。西側にトイレ、北側の浴室と水廻りは近くにあった。長男である父は東南に日当りの良い部屋を増築して、

＊

冬の陽だまりの広縁は親しい親戚が集まって過ごす場であった。

＊

日本家屋では、落着いた北側に寝食の生活空間、庭につながる南側の広縁が日々の活動場所。祖父と一緒に（昭和三一年）

■中廊下のある住居／白幡ＳＨ

所在	埼玉県さいたま市
《既存》	
家族構成	夫婦＋子ども５人
構造規模	木造平屋
敷地面積	586.03 ㎡
建築面積	135.39 ㎡
延床面積	135.39 ㎡
施工	山梨の大工棟梁
竣工	1932 年
《改修後》	
家族構成	夫婦＋娘＋孫２人
構造規模	木造２階建て
敷地面積	356.90 ㎡
建築面積	150.20 ㎡
延床面積	174.64 ㎡
1 階 /148.14 ㎡	
2 階 / 26.49 ㎡	
施工	有限会社北都
竣工	2009 年３月改装

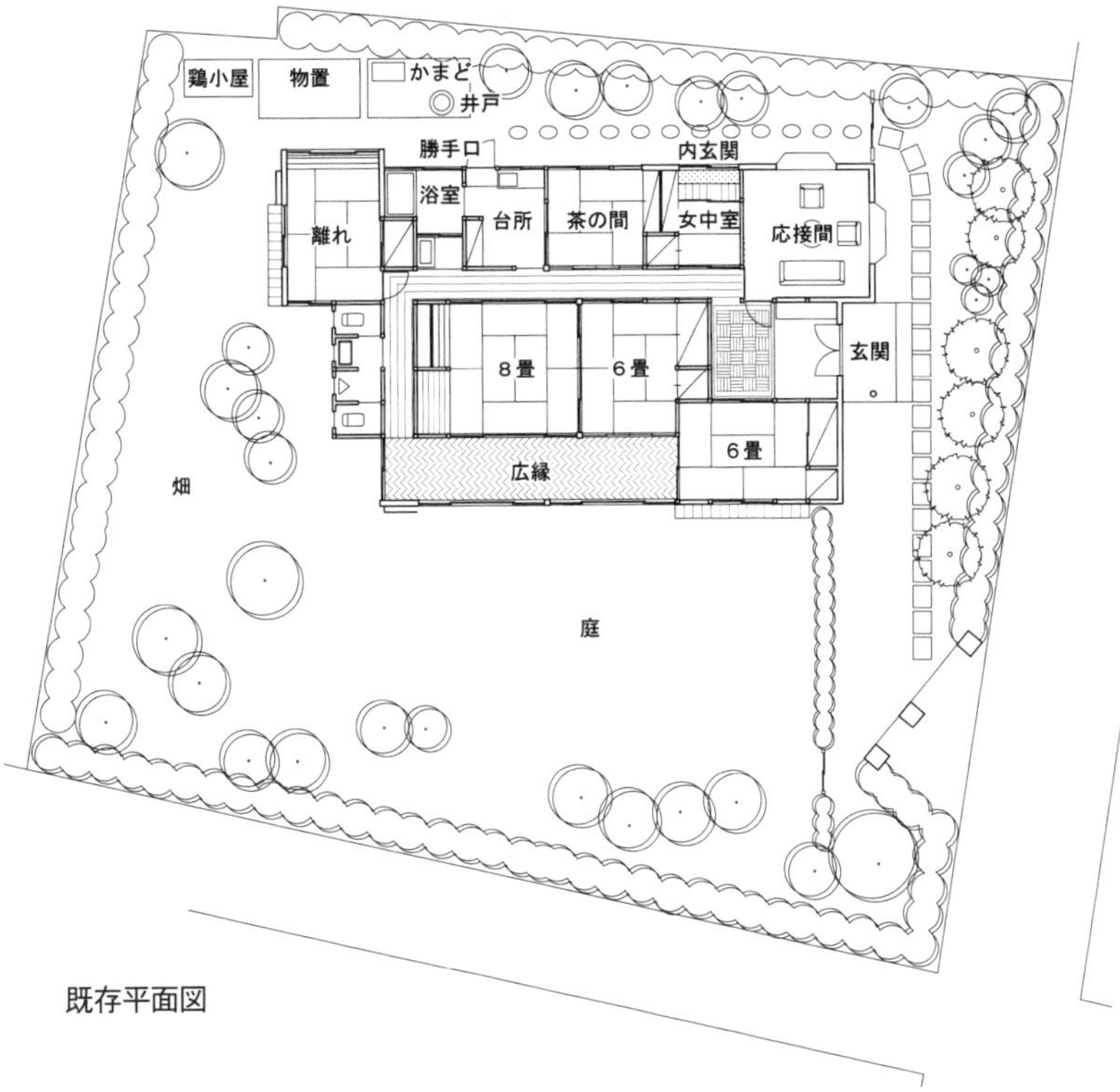

既存平面図

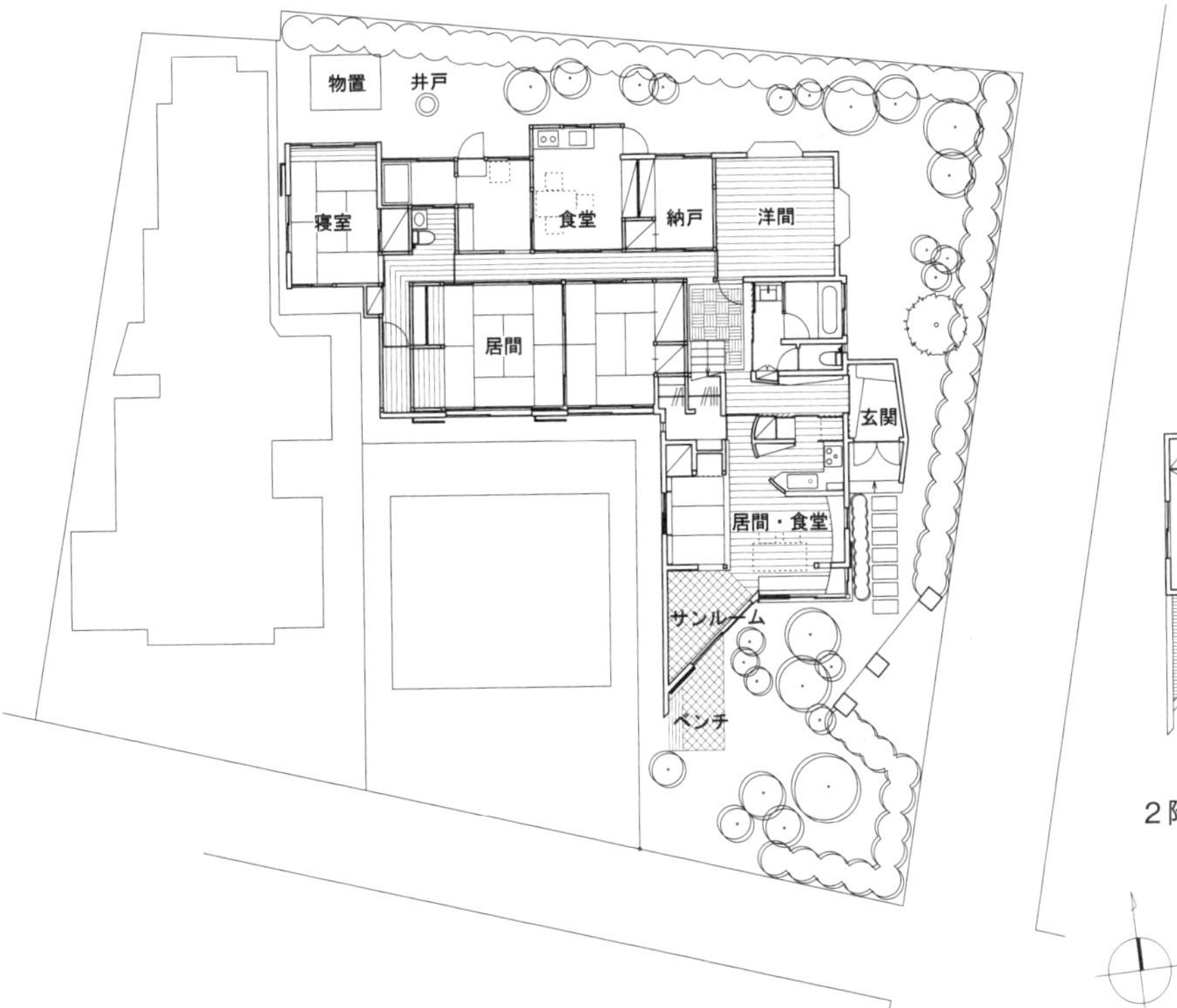

2階

改修後の１階平面図　S=1:300

高齢になった祖父母の部屋にしようと考えたが、「書生部屋に住めるか」の祖父の一言で、祖父母はそのまま「離れ」で生活を続けた。代が変わって、今は八〇代の父と七〇代の母がこの「離れ」で暮らす。大きなガラスで囲まれた、光と温度変化の激しい現代の住まいとは対照的な落ち着いた老人室である。

南の庭に面した広縁の突き当たりは引き違いの建具になっている。若くして亡くなった祖母は将来、広縁から西側につなげて、「隠居所」を建てて暮らす計画であったという。子育てのための住まいは、実は老後の隠居までをもプログラムされていたのである。敷地に対して、門は巽《たつみ》（東南）の方向に振れている。そんな住まいの細やかな配慮は祖母の考えによるものだと聞かされて、一度も会ったことのない祖母の存在を、この家を通して強く感じることがあった。家とは、そんなかたちで人の思いを伝える力がある。この家で生活をしていなければ、祖母の存在はもっともっと遠いものになっていたはずである。

◉大家族のターミナルケア

私の祖父は家で亡くなった。八八歳であった。日常のなかでの突然の死に家族は動揺し、落胆し、とても悲しんだ。和室に横になった祖父は穏やかで、白い布で顔を覆うのを忘れて誰も気がつかなかったと、後々笑い話になった。けれど祖父は自らの葬儀のために、会葬者への挨拶状の原稿を残し、生きているうちに相続の始末もしていた。ゆっくりと死と向きあいながら、普通に家で暮らしていた。決して死は突然のことではなかったのだ。

心臓を患っていたので、救急車で病院に運ばれたこともあり、また骨折をして入院生活も経験していたが、それでも最後まで家族と共に家で生活をしていた。いつでも往診をしてくれ、病院との連携をとるかかりつけの家庭医が日常の医療を担っていた。祖父母を中心に五人の子ども夫婦と八人の孫は、毎年新年会、祖父の誕生会で顔を合わせるのを楽しみにしていた。

祖父が四七歳で建てた家は、五人の子どもを育て、孫との三世代の住居となり、自分にとっての終の住処であった。そして当然のように次の世代に譲る住み継ぐ家である。明治生まれの祖父にとって、当然の役割を家は果たしてきた。

縁側にふとんを干してひなたぼっこする祖母と息子たち（昭和一〇年頃）＊

取り壊し前の広縁。子どもの頃、夜の真っ暗な廊下を曲がるのが恐かった。

左頁／七六年目の大改装。取り壊していくと竣工時の姿が現れる。二〇〇八年一二月。

だが、祖父の生活を支えるために祖母と長男の嫁である私の母は、妻と嫁という立場で祖父の生活を中心に暮らしていた。今思うと象徴的なエピソードは、玄関に外鍵がなかったことである。近所に出かけるときも鍵をかける習慣はなかった。祖父が亡くなって最初の変化は、玄関に外鍵が取り付けられたことである。それまでは、外出するときは誰かが必ず留守番をしなければならなかった。子どもたちも留守番の手伝いをした。それがあたりまえだった。そんな環境で初めて高齢になっての自宅での普通の暮らしは支えられていた。

少子化は家族のなかで介護の手の不足を生む。自宅で高齢者の生活を家族だけで支えるには、何人もの人手と、献身的な日常生活と、日常的な医療の支援ができる環境があって初めて可能であった。

◉「終の住処」として住み継ぐ

祖父の建てた家は、七〇年代の高度経済成長期に建て替えの話が出たこともあった。けれど明治生まれの祖父は頑として認めず、東南に二階建ての住居を増築した。「そのとき

は四〇代で自分の老後の生活を考えた」と母は当時を振り返る。同時に、根太の補強などの大掛かりなメンテナンスをした。祖父が亡くなってから三五年、借地だった土地の問題もあって建て替えを再度検討したが、ひ孫にあたる娘たちは「今はつくれない昔の家は壊さない」と主張する。

そこで、高齢になった父と母がこの家を終の住処として暮らせるように、「離れ」の隣に新しくトイレをつくり、あらためて「減築」と「増改築」の工事をすることにした。根太を締め直し、傷んだ材料を取り替え、屋根や設備の改修をして住み継ぐことを決めた。

そして、将来南西に建物が建つことを考え、なくなった庭に面する広縁を取り壊し、東南に新しく敷瓦で仕上げた小さなサンルームを増築することにした。広縁の軒を支えていた五間の丸太の梁は、サンルームの架構に再利用するために手を入れると、まったく傷んでいなかった。古い木材や木舞土壁の土、床の材料や建具を活かしながら再生する計画だ。

重機で一気に解体し、取り壊して新しく建て替える工事と違い、職人の手でていねいに古い建物を部分的に解体しながら増改築工事は進んでいく。解体すると昔の職人の仕事が見えてくる。木舞を組んだ土壁は、新しい壁より壊すのに時間も手間もかかる。そんな、古い仕事を一つひとつ確かめ触れながら、かつての職人の仕事を語り、新しい仕事を重ねていく。古いコンクリートの骨材は、今の砕石とは違う玉砂利で、予想以上に硬く丈夫である。増改築工事では、世代を超えて技術が重ねられていく。大きな発見である。

私たちの周りでは保存を望む歴史的な建築でさえも「老朽化」を理由に取り壊されていく。住まいも同様である。けれど建築も住まいも使用していさえすれば取り壊さなくてはならないほど老朽化することはない。メンテナンスが必要なだけだ。どんなものでも時間が経てば傷んでくる。傷んだ箇所に手を入れれば、また使い続けることができる。

住み続けてきた住まいを「一〇〇年住宅」に建て替えるよりも、手を入れて住み続けることで一〇〇年住宅にしていくことが、本来の建築や住居のあり方ではないだろうか。時間を重ねた街や住まいを世代を超えて住み継ぐ意志をかたちにしていきたい。

浦和の木遣歌を指導した鳶の頭が、垣根の手入れをしていた。＊

第3章
サポートを受けて暮らす

集まって住む「新しい住まい」

◉サポートを受けながら集まって住む

自分らしく生きるために、加齢後の生活を見据え、新たな環境を選択して、第三の人生を決断する人は増えている。自宅での生活にこだわらず、子どもにも頼らず、食事や生活介助のサポートを受けて暮らす有料老人ホーム、ケアハウスや高齢者マンション、共生住宅などで暮らす選択もある。さらに認知症や身体的な介護が必要になったときには、専門知識をもったスタッフのサポートを受けながら生活する住まいを選択することもできる。

認知症高齢者のグループホームや小規模多機能型居宅介護事業所で集まって暮らすことは、高齢になっても認知症になっても、家族の関係だけに閉じこもらず、社会のなかで役割をもち続けて生きる第三の人生である。

病院での暮らしを望む人はいない。治療を受けることも受けないことも自分の意志で選択して、できるだけ自宅や新たに選択した住まいで、医療や介護サポートを受けながら生活を続けたいと考える人が増えている。

◉共生住宅での暮らし

ひとりで暮らしていたり、子どもと同居をしていても、高齢になって将来の生活に不安を覚える。それなら健康なうちに生活サポートを受けて暮らす新たな環境に慣れ、人の付き合いを楽しむなど、積極的な人生を送る選択がある。

共生住宅は、独立した家計を営んで暮らしながら、生活の一部を共有して暮らす住まいである。住居を出ると、一緒に暮らす人の顔が見える。プライバシーのある長屋生活にたとえることができる。食事や入浴など、何を共同にするかはさまざまである。

　有料老人ホームや高齢者マンションでは、経済的な条件やサポートの内容を十分理解して選択しなければならない。運営側が定めた基準に合わせて生活する覚悟も必要である。住まいと施設の一番大きな違いは、生活を決定する主体が生活者側にあるか、運営者側にあるかである。

　共生住宅には、高齢者や知的障害者などが集まって家族のように暮らすグループホーム、グループリビングなどがある。またシングル、子育て世代から高齢者まで世代を超えた多世帯が集まって設計、建設を共同で行ない生活するコーポラティブハウスや調理を共同分担しあい、みんなで集まって食事をしたり、入居者が共同で活動をすることでお互いの顔が見える住まいをめざすコレクティブハウスも共生住宅のひとつのかたちである。

　最近の集合住宅では、オートロックなどの機械での安全対策に頼り、隣に住む人もわからない、孤立した生活が増えている。共生住宅では共同の生活を運営するために、いろいろなルールを決めて、それに賛同する人が集まって顔の見える生活をする。高齢者と子どもの交流など、かつて地域社会で支え合って、あたりまえに暮らしていた人のつながりを再生する試みである。入居者は互いに精神的に支え合いながら、生活や医療、介護や看護など、地域社会のサポートを受ける。集まって住むことで安心が加わった終の住処である。

◉認知症高齢者の新しい住まい
——家族だからできること、できないこと

　認知症高齢者が集まって、スタッフのサポートを受けながら共同で生活する住まいが、認知症高齢者のグループホームである。二〇〇八年、認知症の人は約二〇〇万人を超えている。総人口の一・六％以上で、今後増え続けていくことが予測されている。少子高齢化社会では、五人にひとりが六五歳以上の高齢者、その一割に認知症の症状があるのが現状といえる。そして、二〇二〇年には患者の数は二九〇万人にのぼるといわれている。[★1] 最近は、高齢者だけではなく若年性の認知症患者も増加し、専門家のサポートが大きな意

グループホーム「あおぞら」に遊びに来た近くの保育園児

★1　平成十五年、厚生労働省による将来推計

味をもつ。

認知症は、加齢によるもの、アルツハイマー病や脳梗塞などの脳疾患によるもの、また、他の病気が原因で起こることもある。認知症になると、家にいても自分の居場所がなくなるような気持ちになる。ここは自分のいる場所ではないと感じ始める。家族も、今の自分の姿もわからなくなることもある。そして、わからなくなって混乱している自分を、どこかおかしいと感じることで、ますます感情が不安定になり、ストレスを感じる。人の感覚に敏感になり、傷つきやすくなる。

今まで一緒に生活をしてきた家族に認知症の症状が現れたとき、覚悟をしていても、なかなか受け入れることができない。そして、これからの生活に不安を感じるのは、本人も家族も同じである。

親や夫や妻が認知症になったときに、介護をしている家族の気持ちは、次のような段階を経ることを理解したい。[★2]
・第一ステップ――戸惑い、否定
・第二ステップ――混乱、怒り、拒絶
・第三ステップ――割り切り
・第四ステップ――受容
最初は戸惑いから、どのように受け入れ、対応したらよいかがわからない。もしかするとなんでもないかもしれないと、認知症であることを認めたがらない。認知症になると、今まで自分でしてきたことができなくなったり、会話の辻褄が合わなくなったりする。家

★2 『認知症を学び地域で支えよう』全国キャラバン・メイト連絡協議会事務局編集・発行、二〇〇七年

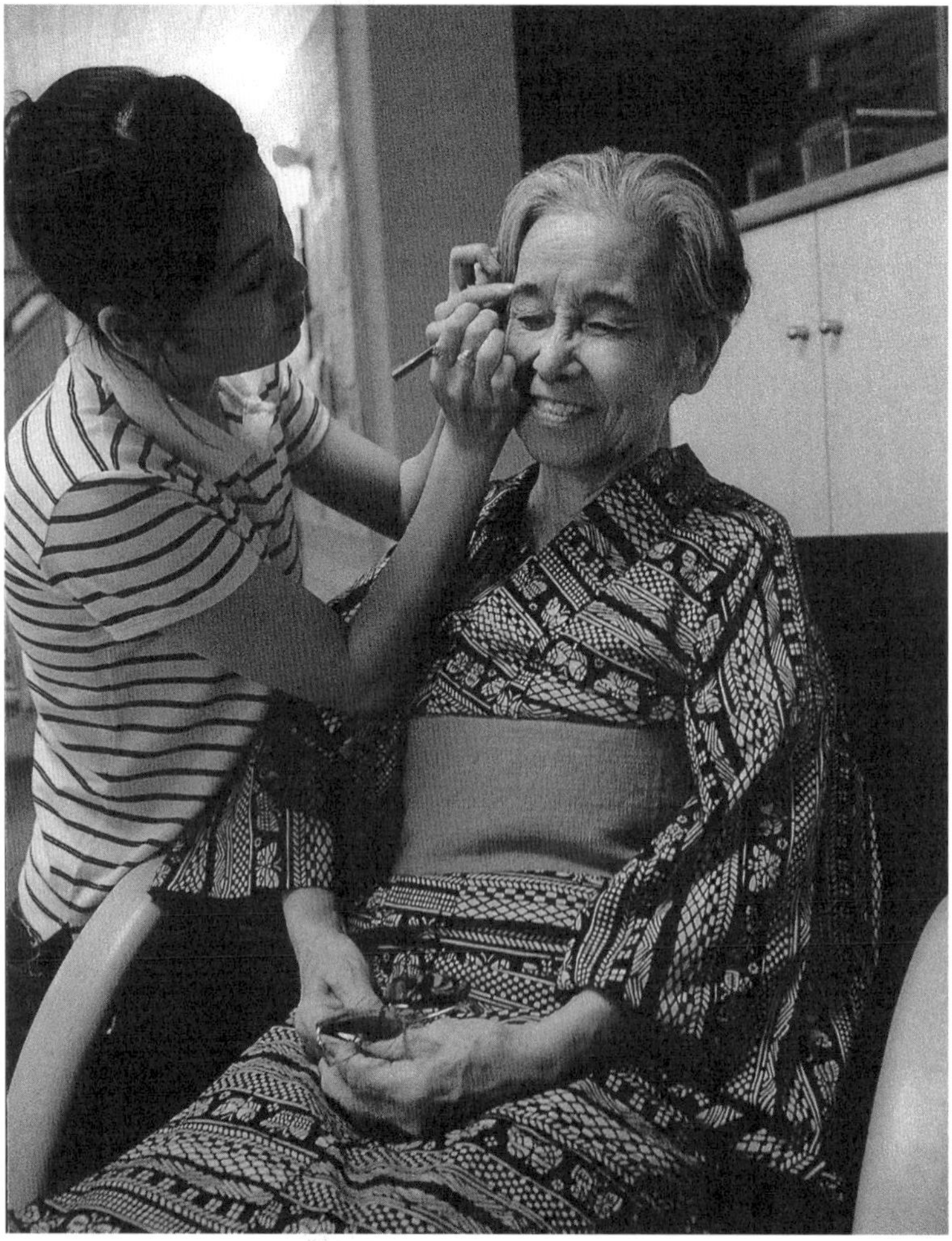
グループホーム「あおぞら」での祭りの準備。浴衣を着てスタッフにお化粧をしてもらい、晴れやかな笑顔

族にとっては、違う人格が現れたことに戸惑い、受け入れるのはむずかしい。ついつい家族は理屈で説得しようとするが、患者はますます混乱して自信を失い、暴力的になったり、行動障害が出てくることもある。認知症の家族を介護することは、家族だからこそむずかしく感じることが多い。

けれど適切な情報を得ることで、認知症になってもすべての能力が混乱して失われているわけではないと割り切るようになる。記憶障害や失語などの症状を抱えながら、今のその人をそのまま受け入れ認めながら、もっている能力を引き出して生活をすることが必要だとわかる。認知症を理解する専門的な知識をもった人、その人のリズムに合わせたペースでサポートするスタッフといっしょに暮らすことで、落ち着いて尊厳をもった生活をすることができる。

開設以来、年に数回グループホーム「あおぞら」を訪れるたびに、入居者の活動範囲が、どんどん広がっているのを実感する。現実には年を重ねるにしたがって身体的な能力は低下しているが、食事の準備のために、台所のオープンカウンターで調理や配膳に立ち働く人は増えている。自宅では調理をさせてもらえなかった入居者も、スタッフが作業をサポートすることで、すべては順調に進んで行く。お習字をしたり、家では忘れていた若い頃の趣味の楽器を演奏し始める人もいる。

「あおぞら」を訪れて、入居者の穏やかな日常生活に触れると、とても落ち着いた気持ちになる。一人ひとりが自分のペースで、自分の世界を中心に暮らしている。普通に家で生活ができないのが不思議なほどである。けれど、スタッフのきめ細かなサポートがあって初めて、ゆったりとストレスを感じない環境で、普通に暮らすことができる。

ときどき家に帰っても、居場所がないし、家族と話も合わないので、すぐに「あおぞら」に帰宅する方もいる。「あおぞら」では一人ひとりに役割がある。生活の場所がある。それでも、家族が来ると、すばらしい笑顔を見ることができる。やはり、家族の役割は誰にも代わることはできない。

家族にとっては、少しずつ存在感が薄れていくのを寂しく感じることもあるようだ。その一方で、家での役割から自由になり、家庭での父や母とは違った新しい面を発見して驚くこともあるという。それまでとは違った朗らかな様子や、厳しく口うるさかった父のお祭り好きの楽しい面に触れたりと、家族が知らない新しい姿を発見することもある。控えめで静かだと思っていた母親が、ここでは明るく積極的に活動していることに、目を見張る家族もいる。家では何もしなかった人が、几帳面に掃除や、洗濯物を畳んだりするのは、生活能力を保つリハビリでもある。

いつの間にか「私は先生をしていてね」と、先生になりきってみんなとの会話が楽しくはずむ様子に、家族を驚かせる方もいた。介護の第一人者、「生活とリハビリ研究所」代表の三好春樹氏は「頭のなかにある世界も現実なんだから、大切にして付き合えばいいじゃないか」と語っている。

●グループホームと小規模多機能型居宅介護事業所

自宅での生活が困難になっても、自分の家へ帰りたいという帰宅願望は大きい。認知症になっても自分らしく暮らせる場所は一人ひとり違うのだろう。

グループホームとデイサービスや泊まりもできる小規模多機能型居宅介護事業所のお年寄りを見ていると、大きな違いを感じる。グループホームでは入居して新しい住まいで生活を始める。最初は帰宅願望があるが、時間が経つにつれて、そこが新しい住まいになり、落ち着いた生活を送ることができるようになる。第三の新しい人生を謳歌している人もいる。自宅ではない、家族でもない、仲間をつくって集まって一緒に暮らす場所に、自分の居場所ができる。「お年寄りは共同生活がうまくいくように協力してくれます」と、「あおぞら」のホーム長濱田秋子さんは語る。

デイサービスや小規模多機能型居宅介護事業所では自宅での生活があり、一時的にここで暮らす。それでも、少しでも落ち着いて暮らせるように、「施設ではない住まいにこだわりたい」と「ふれんどりぃ」の代表・筒井すみ子さんは語る。彼女は住まいとしてのデイサービスと小規模多機能型居宅介護事業所でお年寄りの活動をサポートして、自宅に居場所がなくなることを避けたいと考えている。どちらが良いというのではなく、どちらに向いているかである。状況に合わせて選択肢が増えていくことが望ましい。

社会ネットワークに支援された住まい

グループリビングCOCO湘南台

◉「自立と共生」のグループリビング

神奈川県藤沢市湘南台の住宅地に建つ「COCO湘南台」は、血縁ではない高齢者一〇人が共に暮らすための共同の住まいである。「COCOとは、地域社会との関わりを重視するという意味でCommunity（コミュニティー）、そして共同で生活していくという意味でCooperative（コーポラティブ）の頭文字」だと、代表の西條節子さんは書いている。

西條さんは長年、藤沢市の市会議員として障害者や高齢者の生活を課題に活動してきた。一九九六年、自分自身の今後の生活も考えて、高齢者の暮らしと住まいや介護予防と介護支援などを考える研究会を立ち上げた。急速に進む高齢化社会で活き活きと暮らすために、健康で心豊かに社会貢献して「元気印」で生活する環境を実現する活動である。そして、一九九九年春、バリアフリー高齢者共同住宅の第一号「COCO湘南台」が誕生した。運営主体はNPO法人COCO湘南である。

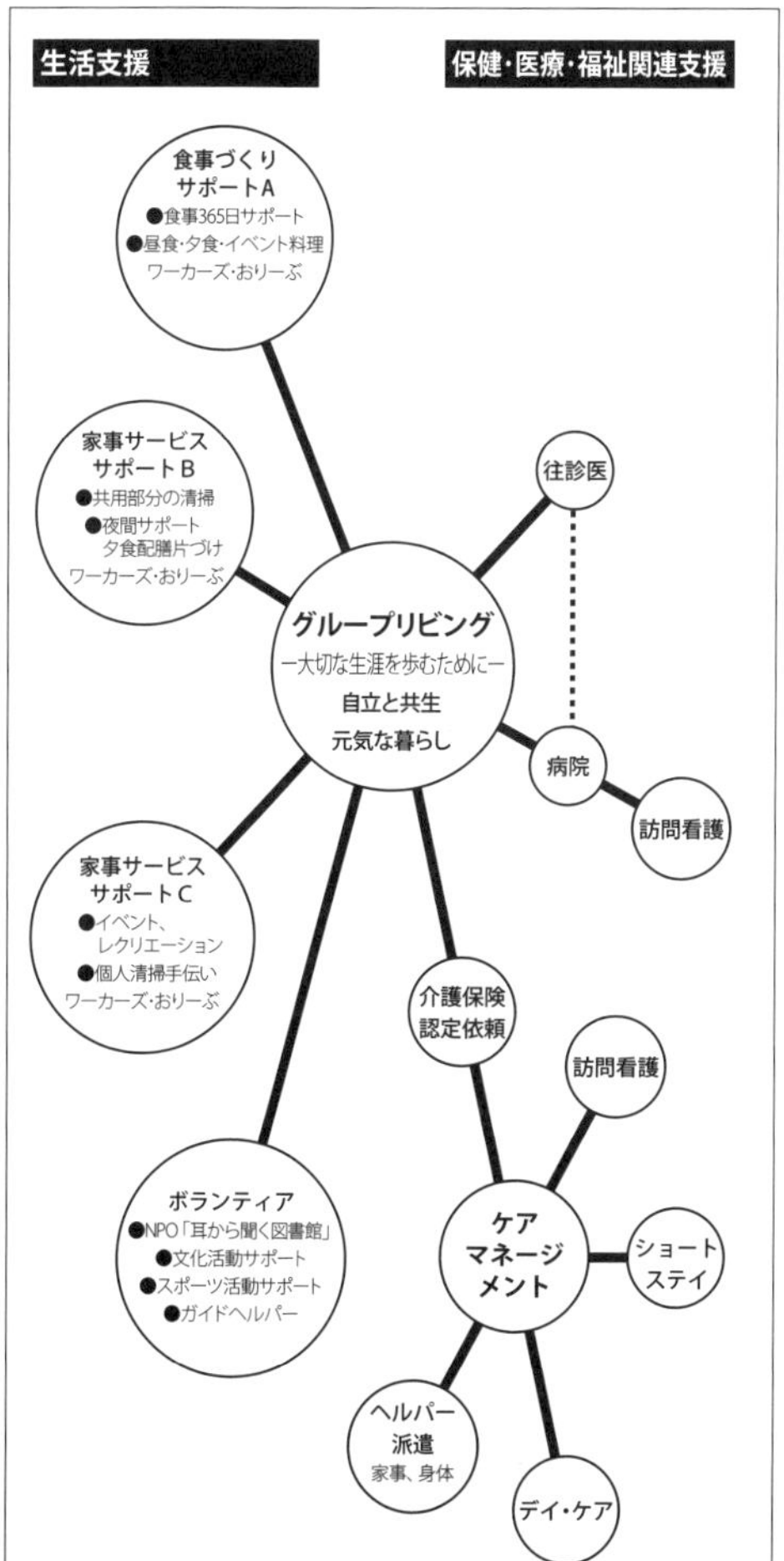

■支援ネットワークの仕組み

原則六五歳以上の高齢者、障害者は五五歳以上を一応の条件にしているが、入居資格も入居条件もない。ただし、自分で自分の生活を組み立てることができる「自立と共生」が入居の大切な条件といえる。入居者のひとりがコーディネーターであるが、管理者はいないので、基本的には居住者の自主管理で運営をしていく。自分たちで簡単なルールをつくり、入居者一人ひとりが運営に参加という姿勢は徹底している。

コミュニティーを大切にする共同生活をするために、最低限のルールは必要だ。けれど、ルールに縛られていると感じるのが嫌で、共同生活に踏み切れない人は多いのではないだろうか。ルールがあって、その考えに賛同する人を集めるのか、まず共同で生活をしたい人が集まって、一緒に暮らすためのルールをつくっていくのか。その違いは大きい。

前者ではルールが負担になったときには、共同生活ができなくなり、住まいを失う。けれど後者ではルールを変えることができる。個人の生活の自由を尊重した、共同生活の場である「COCO湘南台」の姿勢は後者である。そして、社会ネットワークをつくり、人のつながりに支えられた生活環境でのターミナルケアをめざす安心の住まいである。入居費用は仕事をしてきた女性の年金を目安に設定されている。

木造二階建ての住居には庭があり、畑もつくっている。できるだけ日照を確保した個室は約一五畳（二五㎡）で、洗面、トイレ、ミニキッチン、クロゼットを備えている。共用部分は食堂、厨房、大小の共同浴室、ランドリー、トイレ、エレベーター、そして、ゲストルームと集会もできるアトリエがある。

生活支援として、昼食と夕食、イベントの食事づくりと後片づけ、共用スペースの清掃のサポートを外部に委託している。医療や介護支援は病院やホームドクター、介護保険など地域のネットワークがサポートする。日常生活はそれぞれ忙しく活動し、夕食や入浴を共同の生活として支え合い、地域コンサートの企画やバーベキューなどの自発的な集まりもある。入居者と一緒に犬や猫も共同生活に参加している。

今までの生活に区切りをつけて、自分の意思で決断をし、共同の住まいであるグループリビングへの入居を決めた入居者には、六〇

いろいろな活動に使われるアトリエで見学者への説明会が行なわれた。

代から八〇代のひとり暮らしの女性が多い。夫婦でもひとり一部屋、それぞれの生活ができる。来客も自由で、他の人と暮らすことが刺激になり、元気になる。共同のリビングには夕食のときにそれぞれが集まってくる。NPO法人COCO湘南は地域への支援サービスを発信する拠点にもなっている。

◉COCO湘南台を訪ねて

ある春の一日、「COCO湘南台」を初めて訪ねた。月一回の見学会は申し込みが多く、二カ月後にやっと参加することができた。見学者が多いことでも、「COCO湘南台」の魅力と人気ぶりは伝わってくる。これまでにいろいろな施設や集合住宅を訪ねる機会があったが、敷地内に入った瞬間に、なんとなくその建物や生活の空気が伝わってくる。見学会ではそこに集まった参加者も加わって雰囲気をつくり出す。その場で感じる何かが、その施設の印象を大きく左右するから怖い。

見学の日は、気持ちのよい暖かな日だった。玄関脇のアトリエには、たくさんの見学者が集まり、終始和やかに自己紹介や質疑が交わされていく。そして、西條さんのきりりとし

花や野菜が育つ手入れの行き届いた庭から日当たりのよい個室を見る。
左の建物は地域の高齢者のためのよろず相談所「COCOみちしるべ」。

た話し振り、質問への回答が印象的であった。

　高齢者のひとり暮らしには、さまざまな不安がある。食事の準備や、病気になったときなど、日常の不安を何人かで集まって住むことで解決できないだろうかと考える。けれど、今まで知らなかった人が集まって暮らすことにも不安がある。そんな気持ちから共同の暮らしへの質問が次々と出てくる。

　高齢になってからの共同生活への不安には、「十人十色、刺激があって面白い」とおおらかな回答。共同生活の不安より、新しい仲間の刺激と安心のほうが大きそうだ。集団生活が介護予防にもなっている。
　五、六人では人の距離が近くなり過ぎ、一五人では関係が拡散するので、一〇人という人数を考えたという。一〇人という定員が程よい人間関係をつくっている。現在、「COCO湘南台」では九名の女性と一名の男性が生活を共にしている。
　質疑のなかで、ここでも女と男の老いの準備に対する意識の違いが話題になった。昔ほど夫婦の年齢差が大きくないので、必ずしも妻が長生きして夫を看取るとはいえないのが現実である。それにもかかわらず、女性に比べて男性は老後の生活を真剣に考えていないようだとの話題に、見学の男性陣は苦笑いであった。

　自分が自立していなければ、男性でも女性でも共同の生活はむずかしそうである。西條さんは「入居は自分で決断して始めないとだめです」ときっぱり答える。自分の意思で選択した住まいだからこそ、第三の人生を積極的に楽しみながら「元気印」で生きることができる。「子どもなんか当てになりません」と、高齢者の自立をうながす。

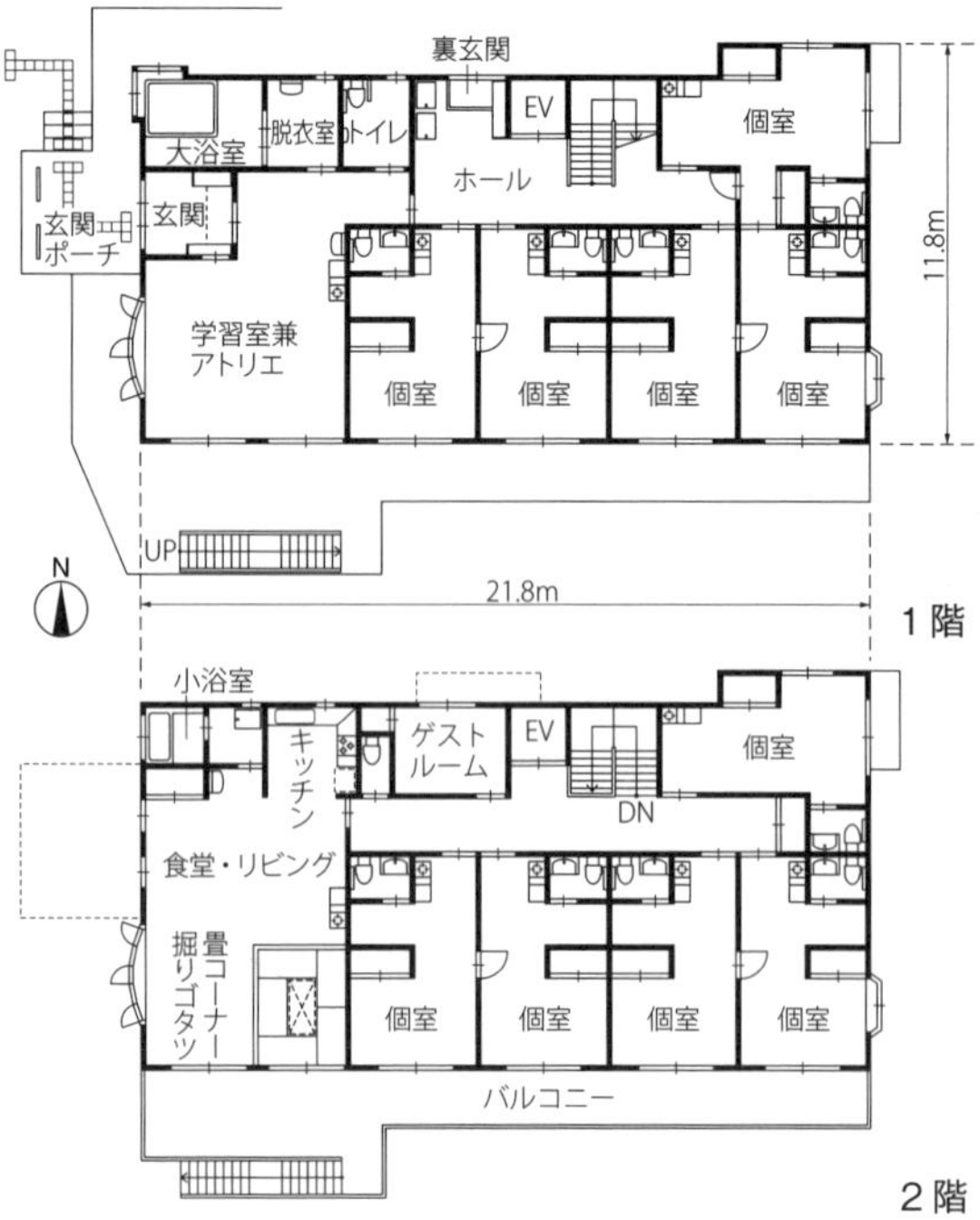

■ **COCO湘南台**

所在　神奈川県藤沢市
主要用途　高齢者グループリビング
構造規模　木造2階建て
敷地面積　913㎡
建築面積　276.90㎡
延床面積　484.20㎡
個室面積　250.60㎡（一部屋25.06㎡）
共有面積　233.14㎡
竣工　2003年4月

最も気になるのが、最期までここで暮らすことができるのかという問題である。

「高齢になれば、記憶も不確かで、誰でも何か具合の悪い所はあります。何かあっても介護や医療のサポートを受けて生活はできます」と西條さんは語る。「自立」とは身体的に行動を自力でできるかどうかではなく、自分の意志表示ができるかどうかだと、彼女は強調する。

事実、「COCO湘南台」に入居してから癌が見つかり、病院への入院を拒否、手術を受けずに住み慣れた地域の新しい住まいで、信頼できる仲間に見守られて亡くなった入居者がいた。自分の意志で、自宅で最期まで暮らすことを望み、ケアマネージャー、医師、看護師、ヘルパーのサポートを受けて生きたターミナルケア（終末期医療）の記録は、西條さんの著書『在宅ターミナルケアのある暮らし』（生活思想社、二〇〇七年）に詳しい。家族ではできない、仲間に支えられて生きる住まいだからできたことだと考えさせられる。

◉地域への働きかけ

NPO法人COCO湘南は現在三カ所にグループリビングをつくり、運営をしている。高齢者の生活をとおして「自立と共生」「地域とともに」を実践する。

二〇〇八年六月、庭の一画に、地域の高齢者のためのよろず相談所「COCOみちしるべ」が開設された。開設のお祝いには、次々と仲間が集まり、賑やかなお祭りが開かれた。相続や法律、年金など、専門的な相談会を開いていくことも今後考えているという。

西條さんはグループリビングを「地域の暮らしをすすめる共同の小規模家庭生活」と位置づける。「COCO湘南台」は小さな一〇名の共同の住まいであるが、そこには地域のサポートネットワークが広がり、高齢者が生活をするために必要な要素がいっぱいつまっている。地域社会がかつてもっていたものをグループリビングを拠点に再構築しているようにも見える。介護予防やひとり暮らしの高齢者への配食サービスなど、地域の高齢者をサポートする活動を広げていくことを着実に実行している。

こうした地域の暮らしのなかでの安心のネットワークを必要としているのは、高齢者だけではないはずだ。

「COCOみちしるべ」開設の日、たくさんの人がお祝いに駆けつけた。左は来客を迎える代表の西條節子さん。

自宅での生活をサポートする縁側のある住まい

小規模多機能型居宅介護事業所「ふれんどりぃの郷」

◉小規模多機能型居宅介護事業所の役割

神奈川県座間市にある「ふれんどりぃ」[★3]は、在宅の高齢者のデイサービスと、宿泊することもできる小規模多機能型居宅介護事業所を運営している。利用者のなかには、ほとんどの時間を「ふれんどりぃ」で過ごし、週に一日だけ家に帰る生活をしている人もいる。それでも、自分の家に生活の場があり、帰る場所がある。落ち着けば家で生活する時間を長くすることもできる。施設や病院で生活していた人が、家へ戻るために生活を慣らす中間施設として利用することもある。

「ふれんどりぃ」代表の筒井すみ子さんは五〇代、これまで施設ではない新しい住まいとして、通所のデイサービスと泊まることもできる高齢者の介護の場をつくってきた。彼女は「家族と一日でも生活をしながら、家族との関係を切らずに、お年寄りの生活を支えたい」と考えている。

高齢になって認知症の症状が出てきたとき、家族は不安になる。このまま家で介護ができるのか、施設を探さなくてはならないのか、受け入れてくれる施設はあるのか、といった不安である。

認知症の場合、入所を受け入れる施設を探すのは簡単ではない。老人ホームは認知症専門にケアをしているわけではないので、入所者同士の関係もうまくいかないことが多い。精神的なダメージを受け、傷つくこともある。認知症高齢者のグループホームは、数も少なく、共同生活をすることが可能なことが入居

★3　有限会社「ふれんどりぃ」（代表・筒井すみ子）は、デイサービス「ふれんどりぃ」、ふたつの小規模多機能型居宅介護事業所の「ふれんどりぃの家」と「ふれんどりぃの郷」を運営している。

庭のある縁側の陽だまりに集まってお茶を飲む。

床の間のある８畳と６畳の和室は、食事をしたり泊まりの人の寝室にもなる。

の条件になる。

福祉制度では在宅介護の方針が打ち出され、高齢者介護の負担は家族に重くのしかかっている。昔のような大家族は姿を消し、核家族では介護の負担を分散することもできず、日常生活に支障が生まれかねない。そうした在宅の高齢者をサポートするのが、「通い」「訪問」「泊まり」を組み合わせた小規模多機能サービスである。

二〇〇五年に開設した「ふれんどりぃの家」は一階にリビングダイニングと和室のある二階建ての住宅で、九人の高齢者がスタッフと一緒に生活している。家族の生活に合わせて、家族の出勤前に迎えに行くこともある。食事や入浴をして、家族が食事を終えて一息ついた時間に家まで送っていく。家族の生活を守りながら、お年寄りは自分に合わせた生活をして、それぞれの負担を軽くして、一緒に暮らすことができる。

施設に通うのではなく、普通の住宅で過ごすケアは、知人や友人の家を訪問するような気軽さが生まれる。家族と離れて介助を受けながら生活することで、他の人とのふれあいや、スタッフとの関係も新たに生まれる。家族との距離をつくり出すことで、家族の生活にも余裕が生まれ、家でゆっくり過ごす時間をわずかでもつくることができる。

高齢者の生活の場を広げる小規模多機能ホームの最も大きな役割は、家族と協力することで、施設での受け入れを拒否される人を受け入れ、専門的な介護を行なうことだ。基本的に施設はグループホームであっても共同生活が基本である。暴力は他の入所者を傷つけることもあり、受け入れを拒否されることが多い。

けれど、ここではまず一緒に生活を始める。そして、家族と連携して、集団で生活をすることで、少しずつ落ち着いていくことが多いという。

しばらくすると、「あの頃は、元気があって、大変だったね」と、笑いながら懐かしく振り返ることもある。「大変な時期はいつまでも続くものではない」と筒井さんはいう。経験を重ねた筒井さんだからいえる言葉である。

私の知人のKさんが、認知症のお母さんの介護に、家族全員が振り回されていた時期があった。連日の徘徊やトイレ・入浴の介護拒否。家族は家を空けることもできず、日常の

暖かい縁側でスタッフと一緒に

活動にも支障が出てくる。いろいろな施設に相談をしたが、自立の意思表示である介護拒否がひどく、受け入れてくれるところは見つからなかった。

そんな時期に、デイサービスを運営していた筒井さんと出会い、新しく開設を準備していた「ふれんどりぃの家」の最初の利用者にKさんのお母さんはなる。家族もスタッフとして介護に参加してのスタートであった。

それから二年、彼女は少しずつ落ち着きを取り戻し、家族も平安を取り戻した。今は年齢を重ね、体力の衰えもあり、静かな生活を送っている。

ここでは若年性認知症の男性もスタッフと一緒に動き回っている。体力があり、気に入らないことがあると暴力をふるうこともある。ここには仕事をするために来ていることになっている。

在宅で通う「ふれんどりぃの家」という生活の場がなければ、精神病院で薬の治療を受けるしかなかった。年齢が若いと進行も速い。「大変だったけれど、身体能力が衰えて静かになるのを見るのはつらい」と筒井さんは寂しそうだ。

◉時間を引き継ぐ住まいの改装

❶縁側のある住まいと出会う

二〇〇八年秋、念願の新しい家「ふれんどりぃの郷」は無事開所の日を迎えた。昭和四〇年代に建てられた築四〇年の平屋の日本家屋を改装した住まいである。建物の中心は八畳と六畳の和室の続き間。南の広い縁側から眺める緑の庭は魅力的だ。この家には、お年寄りが生きてきた時間を受けとめる力がある。自分で思い思いに居場所を見つけて過ごすことができる。

「家ならなんでもいいわけではない。家の大きさ、大切さをあらためて感じた」と筒井さんは語る。

「ふれんどりぃ」の三つ目の展開の場所として、筒井さんと一緒にこの家を見に来たのは冬だった。何年も空き家で、人の住んでいない家は傷みが激しい。はたして手を入れて使うことが可能だろうか。費用の問題もある。敷地の高低差など、いくつもの難題を前に、「こんなゆったりとした場所で、お年寄りと過ごしたい」との強い思いが、筒井さんの不安を吹き飛ばし、改装に取りかかること

改装前の縁側。ここから見る庭に惹かれて、筒井さんはこの場所での開設を決断した。

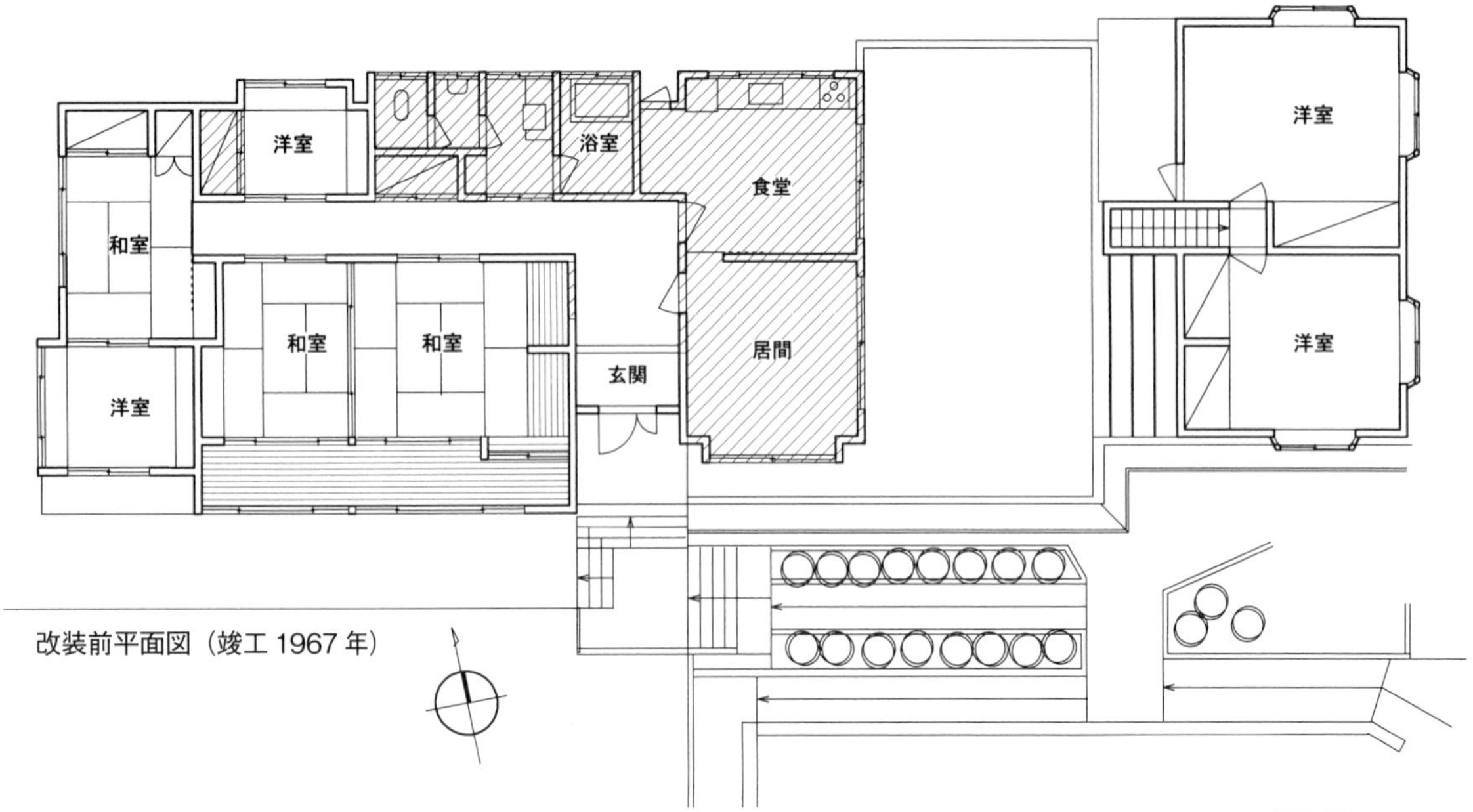

改装前平面図（竣工 1967 年）

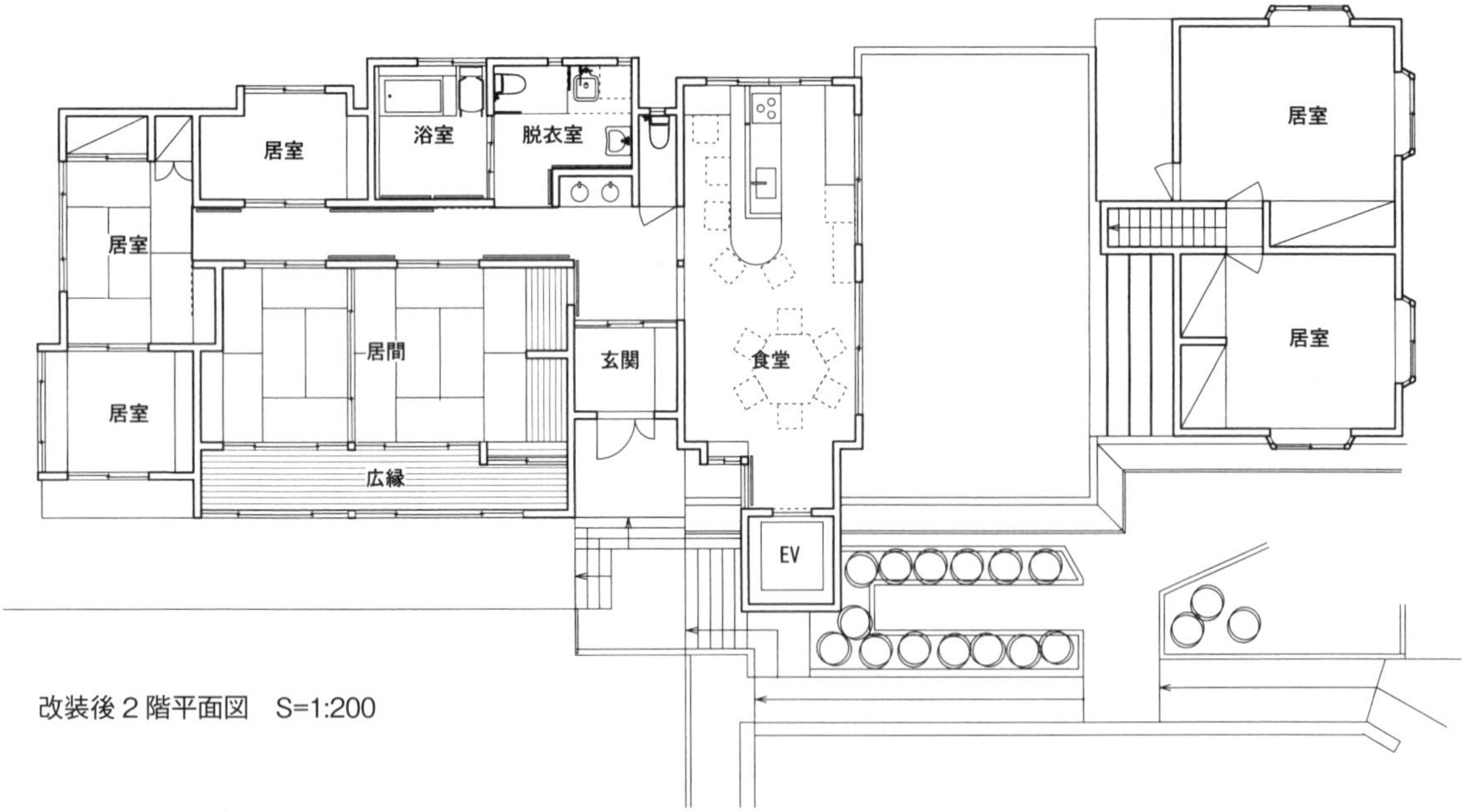

改装後 2 階平面図　S=1:200

■ふれんどりぃの郷

所在　神奈川県座間市

主要用途　小規模多機能型居宅介護事業所

構造規模　木造平屋 一部 2 階建て

敷地面積　1277.5 ㎡

建築面積　219.29 ㎡

延床面積　292.68 ㎡

1 階 /175.85 ㎡

2 階 /116.83 ㎡

施工　（株）鈴木工務店

竣工　2008 年 9 月改装

になった。

在宅支援の高齢者が暮らす場所だから「住まいという家のかたちにこだわりたい」と、筒井さんは考える。病院や施設ではなく、家で暮らすことがとても大切なことである。そして、自分の家に居場所がなくならないように、家族と在宅高齢者の生活をサポートする「新しい家」とその新しい仲間を必要としている。

工事が始まる前、打ち合わせをしていると「ふれんどりぃの家」からお年寄りがときどき遊びに来た。不安を吹き飛ばすように、スロープも階段も問題なし。むしろ、リハビリに最適だ。そして縁側に座っている様子は、ゆったりと落ち着いて見えた。

先日、日本で生活するなら縁側のある日本家屋で庭を眺めながら暮らしたいと望む外国人の夫の希望に、寒いし、不便だし、なによりも探すのが大変、と音を上げている日本人の妻の一言を新聞で眼にした。映画やドラマ、CMでしか目にすることのない、そんな日本家屋は日常生活には不自由な部分がたくさんある。けれど、高齢者の生活の場としては最適だ。お年寄りとスタッフの毎日は、大きな家族の暮らしに近い。大家族が生活をしてきた日本家屋には、いろいろな人を受け入れるゆとりと、自然とのつながりを感じることができる。家へのこだわりは大切だ。

❷シンボルになる塔をつくる

最大の難題は、道路から庭のある建物まで、五m近い高低差があることだった。スロープと階段で上がらなくてはならない。車椅子でも登れるようにエレベーターを増設することにした。エレベーター塔は入口から見上げたときに、この住まいのシンボルになるように、瓦葺きの屋根を掛け、外壁は漆喰と土の左官で仕上げた。光を受けると豊かな表情を見せてくれる。

一番の心配事だったこのスロープを、塔に惹《ひ》きつけられるかのように、お年寄りはどんどん上がっていく。外出時の上がり下りが、一番のリハビリになっている。車椅子の人以外は誰もエレベーターは使わない。今では魅力のひとつになっている。

❸台所廻りに人が集まる工夫

二部屋に分かれていた居間と食堂は、間仕

塔とスロープはシンボルになった。

エレベーター塔は屋根を瓦で葺き、壁は土入り漆喰を粗く塗り、影を出した。

縁側では利用者もスタッフもゆったりとくつろいで過ごす。左中央の笑顔の女性が代表の筒井すみ子さん

切り壁を取りはずして一部屋にし、大きなダイニングキッチンにした。台所はスタッフが立つ時間も長く、全体を見渡す気配りの場所でもある。とても大切な場所だ。オープンキッチンには、カウンターとテーブルを造り付けにした。

台所廻りでは、食事をしたり、お茶を飲んだり、スタッフがパソコンに向かったり、洗濯物を畳んだり、来客も交えてみんな賑やかに過ごしている。また、食堂から居間の和室への視線を遮らないように、和室の壁に小さな窓を開けた。居間からも食堂の気配を感じるようにした。

ここでのお年寄りの過ごし方はさまざまである。大きなテーブルを囲んで座る人、台所の丸テーブルで過ごす人、落ち着かない人はカウンターで他の人とは少し離れて過ごす。だから小さなスペースにいろいろな場所をつくることを考えた。カウンターの奥には、隣の畑を見ながら誰とも顔を合わせずに食事ができるコーナーもつくった。けれど他の人の視線を気にして食事ができない人のための場所も、ここでは必要はないようで、スタッフ用に使われている。

キッチンのカウンター廻りにはいつも人が集まっている。自分の気に入った場所を選んで過ごすことができる。

❹車椅子用の浴室とトイレ

一番大きな工事は水廻りの改装だった。筒井さんが一番こだわったのは、車椅子を利用する人でも安心して座ったまま浴槽に入れる介護浴槽とゆったりとしたトイレである。受け入れの幅を広げることが可能になり、何よりも職員の身体的負担が軽くなる。

脱衣スペースを広く取り、車椅子用のトイレと洗面台、洗濯機と汚物流しを設置した。トイレの建具はコーナーを開放して、介助者の身体が奥まで入れるように工夫した。

介護用トイレの建具は二方向に引くことができる。

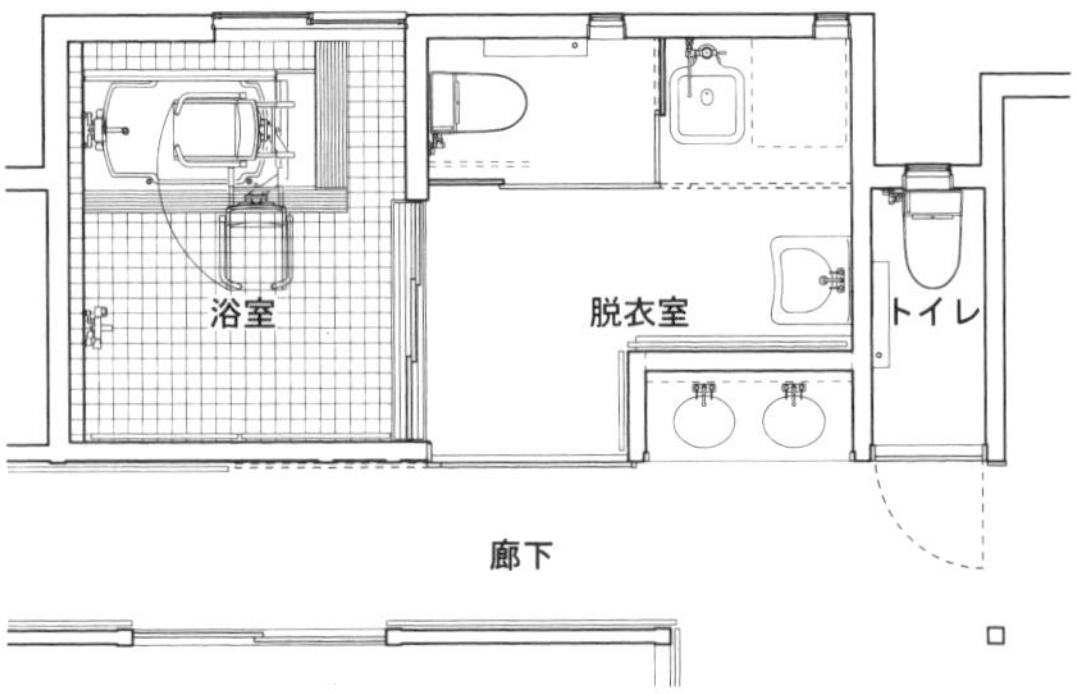

水廻り平面図　S=1:100

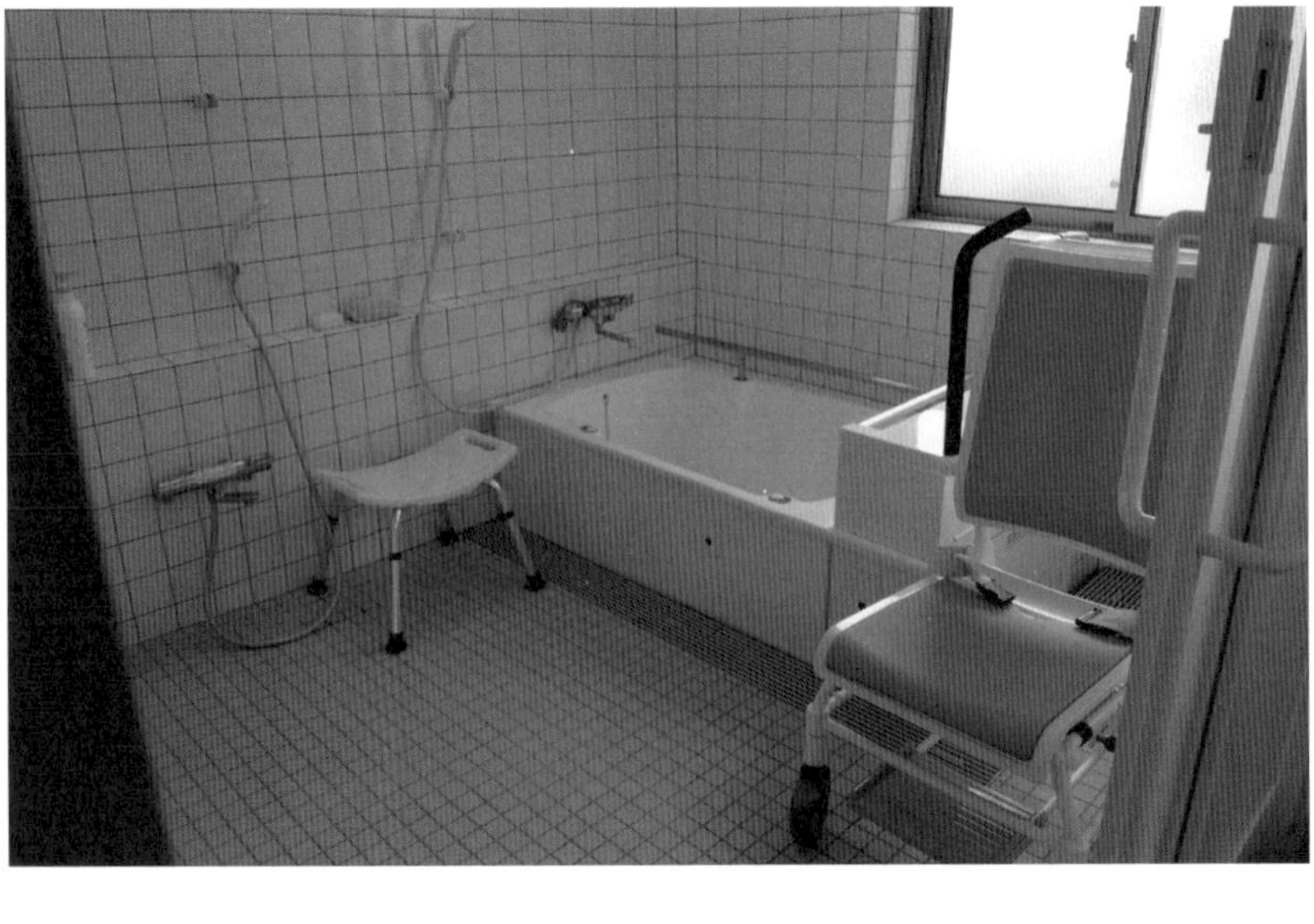

イスに座ったまま入浴できる介護浴槽を設置した。

❺動線ゆたかな住まい

改築前の住宅には玄関から伸びる廊下とふたつの和室の続き間、それに五つの個室があった。改装にあたって、台所と食堂、玄関ホール、廊下と和室をひとつにつなげるようにした。奥には独立性を残した部屋が三室ある。長い廊下の行き来は、生活のなかで自然とお年寄りのリハビリになっている。

◉高齢者介護のエネルギー

四年前に高齢者のデイサービス「ふれんどりぃ」を開設し、二年後に小規模多機能型居宅介護事業所「ふれんどりぃの家」、そして二〇〇八年、民家を改装した「ふれんどりぃの郷」をつくった筒井さん。そのエネルギーはどこから湧いて来るのだろうか。

筒井さんは二〇代のときに、子どもの福祉の現場で働いた経験がある。家族と暮らすことができない子どもが生活する児童養護施設に住み込み、ひとりで小学一年から中学三年まで一〇人の子どもたちと共に生活した。家は人間にとって大切な心の拠り所であると、そのとき彼女は強く感じた。家庭を大切にすることが福祉の原点であると、考えるようになった。

結婚後は特別擁護老人ホームで高齢者の介護をしていた。人数の多い施設では、排泄、食事、入浴の介助が主な仕事であった。けれど施設の流れ作業的な介護はお年寄りを人間として扱っていないと彼女には感じられた。

その後、知的障害者の作業所での仕事が、精神的な満足について考える機会になった。生きがいは精神的な満足にある。施設ではそのことが忘れられている、完全に抜け落ちていると感じた。心が満たされれば、食べることができるし、トイレにも行ける。

私たちは食べるためや排泄をするため、入浴をするために生きているわけではない。幸せだなと感じて生きるために食べたり、トイレに行ったり、入浴をして身体を清潔にしたりするのだと、気がついた。そんなあたりまえのことができる場所をつくりたいと筒井さんは考えた。

また、座間市の社会福祉協議会で、認知症高齢者の財産管理の仕事をするなかで、地域のお年寄りの置かれている状況を知り、高齢者介護に必要なことが見えてきた。

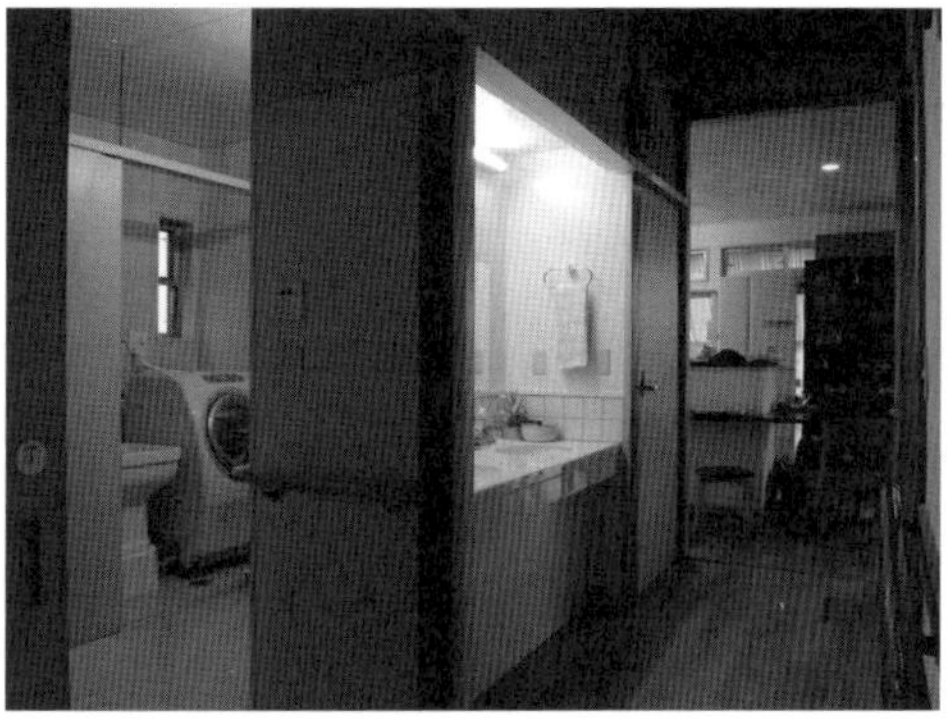

食堂と和室の間にふたつのトイレと洗面・浴室を配置した。

長い廊下の行き来はお年寄りのリハビリになる。

例えば、高齢者は家族と一緒に住んでいてもひとりで生活している人がほとんどである。お年寄りには、配食サービスではない、会食サービスが必要だ、といったことである。

そして、在宅の課題として、自宅にヘルパーを派遣して生活をサポートするより、社会に触れるために、外に出ていくことが高齢者にとって必要だと考えた。三好春樹氏の著書との出会いもあって、小規模のデイサービス「ふれんどりぃ」をつくる決意をする。

◉これからの展開

「ふれんどりぃの郷」は現在、四〇代の若年性認知症の男性から九〇代まで、また末期癌で施設から家庭へ戻って来た方にも通いと泊まりで利用され、在宅ターミナルケアのサポートも行なっている。寝たきりの人も受け入れて、いろんな人が集まって、生活する場所をつくることが、「ふれんどりぃ」の夢である。

「ふれんどりぃの郷」では、二五人のお年寄りがデイサービスと宿泊の利用をしている。一日の利用は一五名、宿泊は九名までである。スタッフは二〇代から五〇代まで年齢

利用者を迎えに来た家族と子犬と一緒に。

に応じてそれぞれの役割がある。仕事に来ているお母さんと一緒に過ごす子どもたちはお年寄りの人気者だ。また、「家ではやらせてもらえないのよ」と食事の片づけを手伝うお年寄りもいる。

筒井さんは、利用者だけではなく、スタッフにも、知的障害者やひきこもり、社会へ出て行けない若者の受け入れを考えている。働く意欲を育て、社会へ出て行くきっかけをつくりたい。そして、子どもを連れて働くスタッフは大歓迎。お年寄りとお昼寝をしたり、触れ合って生活してもらいたい。世の中にはいろんな人がいる。小さな社会でも、いろんな人が混ざり合っていけるのではないだろうかと、筒井さんは考える。

「ふれんどりぃの郷」を利用するのは、男性一三名、女性一二名、男性利用者が半数を占めている。「ふれんどりぃ」の他のふたつの事業所はすべて利用者は女性である。男性の利用者が増えると、お茶を飲んで、散歩をして過ごすだけでは満足しない。七〇代ではまだ仕事をしたいという意欲をもっている人が多い。認知症であっても、何か人の役に立つことをやりたいと積極的である。仕事場としてのデイサービスの設置が必要になっていると筒井さんは感じている。

高齢者が生きがいを感じて生活するために、新しい課題が次々と出てくるという。「現在は、利用者がいて、現場からの要求が先にあって、制度が後からついてくる段階だ」と、筒井さんは意欲的だ。家庭であることを一番大切にして、規則やプログラム優先の生活ではない、誰もが家で過ごすようにここでも生活してもらいたい。スタッフにも、自分の家と同じように、お年寄りと生活をしてもらいたい。そして、利用者もスタッフも一緒に満足して、楽しむことができる新しい家をつくりたい。筒井さんは今そのように考えている。

小さな子どもと一緒に働くスタッフ。子どもと遊ぶのを楽しみに通って来る利用者もいる。

認知症高齢者が集まって暮らす中庭のある住まい

グループホーム「あおぞら」

会は一九五四年に従軍看護婦であった四ヶ所ヨシ氏が創設し、高齢者の医療、看護、介護のパイオニアとしてこれまで活動してきた。一九六三年、都市から離れた自然のなかに「ふよう病院」を移設し、高齢者のための病院とデイケア、居宅介護支援事業を行なってきた。

二〇〇〇年、四ヶ所守理事長は長年高齢者の施設や病院の運営をしてきた経験から高齢者の新しい生活の場を模索していた。介護保険制度の実施をきっかけに、認知症高齢者のために「病院や施設ではない住まい」をつくれないかと考え、グループホーム「あおぞら」を開設することにした。施設や病院では増加する認知症高齢者が安心して暮らす環境をつくるのはむずかしいと感じていた時期でもあった。

◉病院や施設でない住まい

東京都町田市にあるグループホーム「あおぞら」は、二〇〇二年に開設された。認知症のために今まで住んでいた家での生活が困難になった高齢者が、一人ひとりの生活を大切にしながら、スタッフの支援を受けて共同生活する新しい住まいである。一ユニット九名以下の入居者が時間や規則にしばられることなく、その人のペースで生活している。「あおぞら」では約二五〇㎡の中庭を囲んで、二ユニット、一八人が暮らしている。二、三階にはショートステイと集会室、そして既存の介護療養型医療施設が併設された多機能施設である。

グループホーム「あおぞら」の母体、芙蓉

「あおぞら」が建つ地域の、急激に都市化した東京郊外の風景

上／初めての夏祭り。家族や町内会の人も集まって賑やかに過ごし、その後恒例の行事になる。「楓」から見る中庭（二〇〇二年八月）

「制度に頼らず、一〇年後を見据えて計画してほしい」と、四ヶ所理事長は計画を進める段階で私たちに何度も語っていた。

かつて生活圏から遠く離れた場所に建設された大型の福祉施設に入所した高齢者は、外部と隔離された生活を送らざるをえなかった。今までの生活や人間関係からも切り離され、家族もなかなか訪れることはできない閉鎖された環境であった。

現在は、街のなかに小規模の施設をつくり、施設のなかに閉じこもらずに、日常の生活能力を維持するために積極的に街へ出て生活をする。同時に、地域の高齢者や認知症高齢者をかかえる家族のためのサポート拠点として、活動を進める方向に変化している。積極的に人のネットワークをつくりながら、地域とのつながりをつくり出す役割を果たし、高齢者の生活環境を開かれた場所にする試みである。

東京の郊外に位置する町田市では、いろいろな地方で生まれ育ち、さまざまな生活経験をもった高齢者が生活をしている。都市近郊の農村から急激な都市化を経験して地元でこれまでずっと生活を続けてきた人、また地方でのひとり暮らしが困難になって、息子や娘を頼って移り住んできた人も多い。なかには仕事一筋で、海外での生活経験が長く、認知症になっても流暢に英語を使いこなす人もいる。

「あおぞら」の設計段階で、北欧と国内の事例をいくつか見学をしていくなかで、認知症についても、グループホームについても、学ぶことがたくさんあった。そして訪れたグループホームには、それぞれ特徴があり、一つひとつが違っていた。それはまさに住まいの多様なありかたそのものであった。地方によって、暮らし方も違い、住まいのかたちも違う。普通に暮らすための住まいは家族によって一つひとつ違っている。

北欧で訪問した高齢者の住まいの事例は、独立性の高い個室というより、単身用住居での生活を基本にするものであった。また国内で訪れた事例では地域共同体の共通の生活体験を前提にした集団生活のかたちが見られた。

都市郊外型の高齢者の住まいとして、この「あおぞら」では、個人の生活と共同の生活のゆるやかな関係をつくることを考えて計画

中庭に集合した入居者とスタッフ

をした。ひとりになれる個室と共同で生活をする場所を連続させながら、段階的に個人と小さなグループ、そして全員が集まる場所へとつながる構成を考えた。

全員がいつも一緒に過ごすことを強制されないように、食堂や居間、キッチンや和室、廊下の隅の小さなコーナーが配置されている。ひとりになりたいときは個室で過ごす。そして何よりも自由に外に出て散策できる中庭が生活の中心になっている。

◉多世代が集まって暮らす小さな社会

認知症高齢者グループホーム「あおぞら」のホーム長である濱田秋子さんは、「ここはお年寄りが自分の子ども世代のスタッフやボランティアと一緒に暮らす小さな社会です」と、グループホームでの生活を表現する。

お年寄りはスタッフの年代によって接し方が違う。年配のスタッフとは共通の話題や会話を楽しみ、好きな歌を歌って過ごす。若いスタッフには孫に接するように、かわいがったり、楽しそうに手を取って散歩に出かけることもあるという。核家族が増加し、現代の家庭が失った多世代の生活が、ここでは営まれている。

また高齢者の施設では、男性の入居者は少数派で、受け入れを拒否されることもあるという。そんな事情から、「あおぞら」では開設当初から男性を積極的に受け入れており、一ユニット九人の定員のうち男性入居者は三人、三分の一を占めている。最初は共同生活に馴染めなかったり、暴力の問題が起こったりと、落ち着くまでには時間がかかった。けれど、今では家長的な役割を果たし、入居者や来訪者への気配りが全体に落ち着きを与え、女性だけのときよりもめごとが少なくなったという。恒例の夏祭りでは、司会や最後に全体を締める存在でもある。洗濯物をたたんで、仕分けするのは、女性より几帳面な男性の役目になるという。共同生活に果たす男性の役割は大きい。

「あおぞら」では男性、女性の入居者、老若男女のスタッフ、中庭ボランティアの活動や近所の保育園から遊びに来る子どもたちなど、いろんな顔ぶれがそろっていることが、ここでの入居者の生活を豊かにする大きな要因になっている。

毎日植木の水やりや庭の手入れをする「中庭ボランティア隊」のみなさん

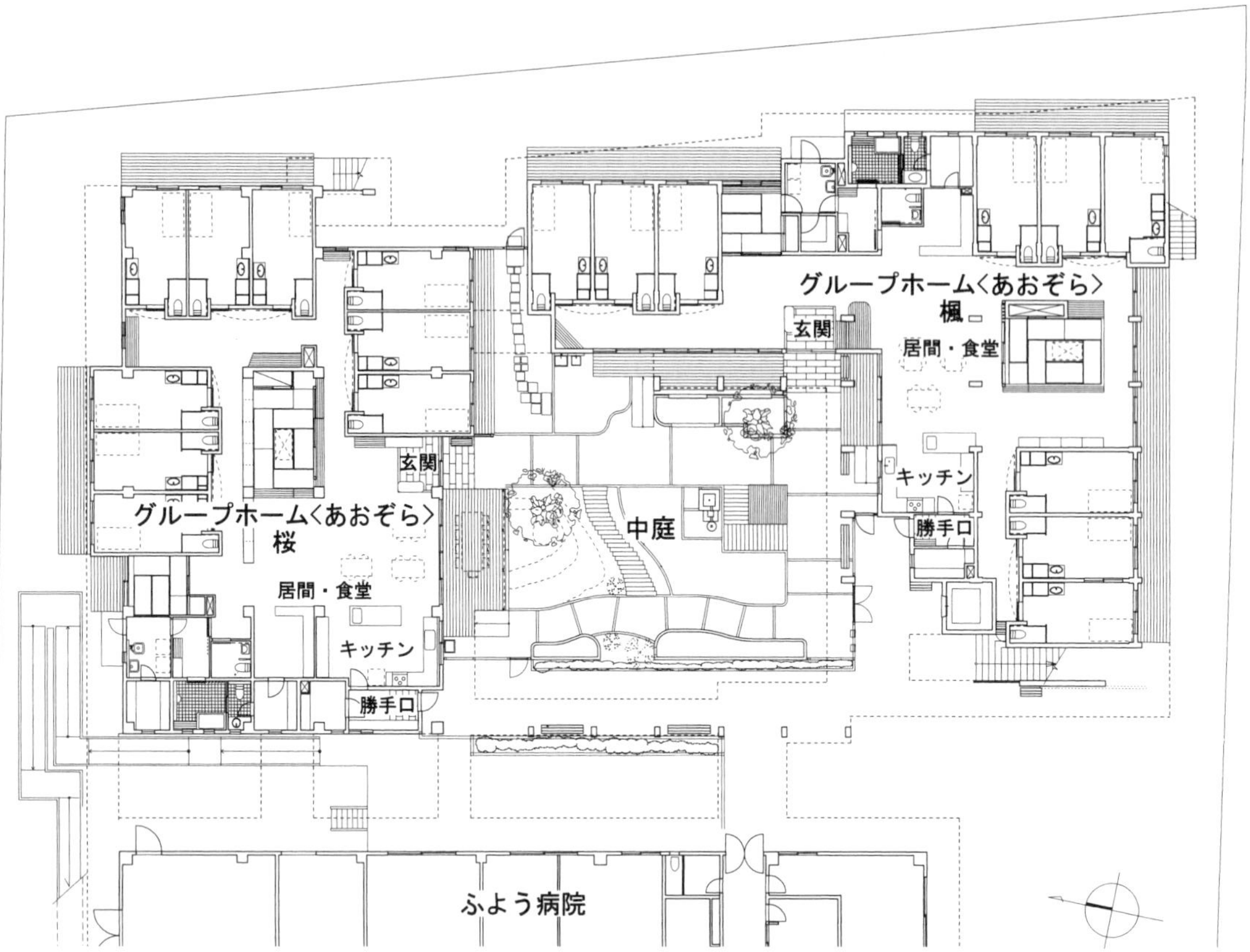

1階平面図　S=1:400

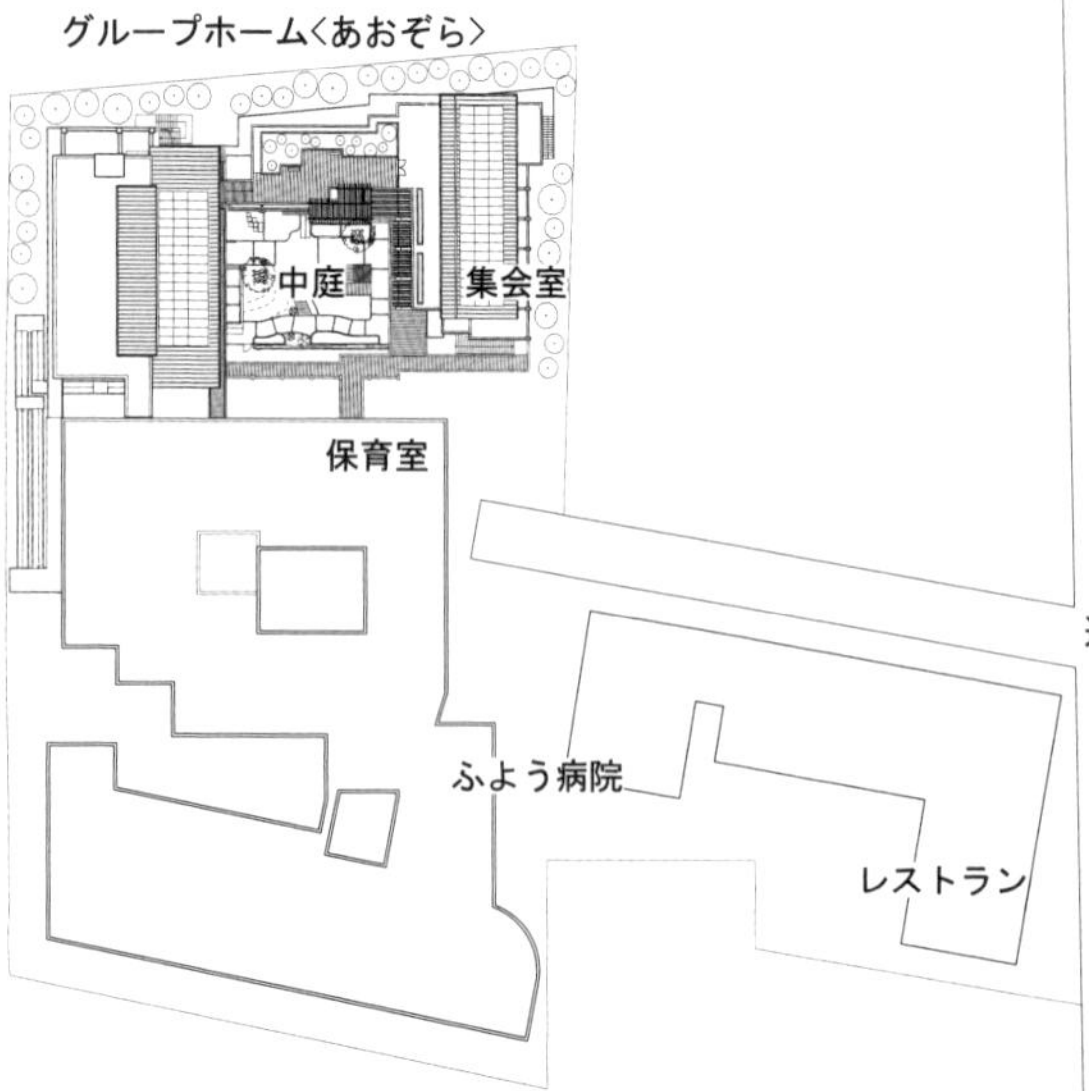

配置図　S=1:1500

■グループホームあおぞら・ふよう病院増築

所在　東京都町田市
主要用途　認知症高齢者グループホーム
短期入所介護施設　介護療養型医療施設
構造規模　RC造2階 一部3階建て
敷地面積　1820.85 ㎡
建築面積　909.28 ㎡
延床面積　1902.93 ㎡
1階 /786.53 ㎡
2階 /762.44 ㎡
3階 /353.96 ㎡
施工　大成建設（株）東京支店
竣工　2002年2月

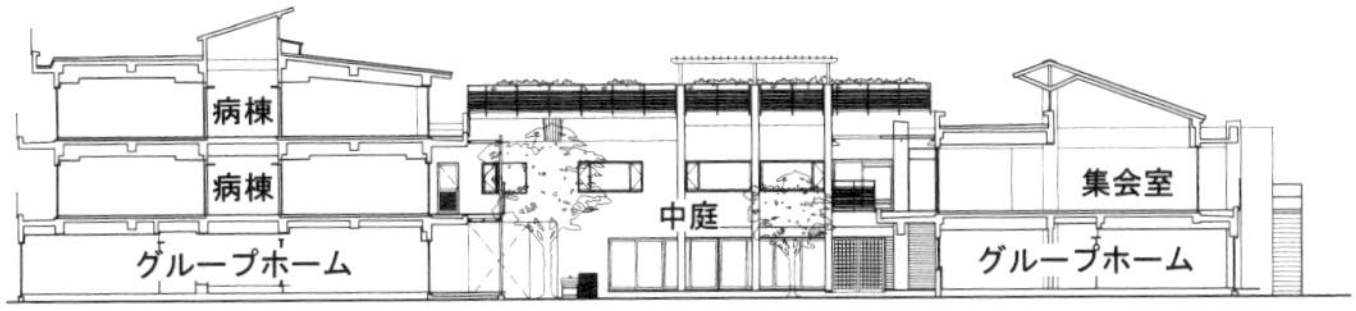

立面図　S=1:600

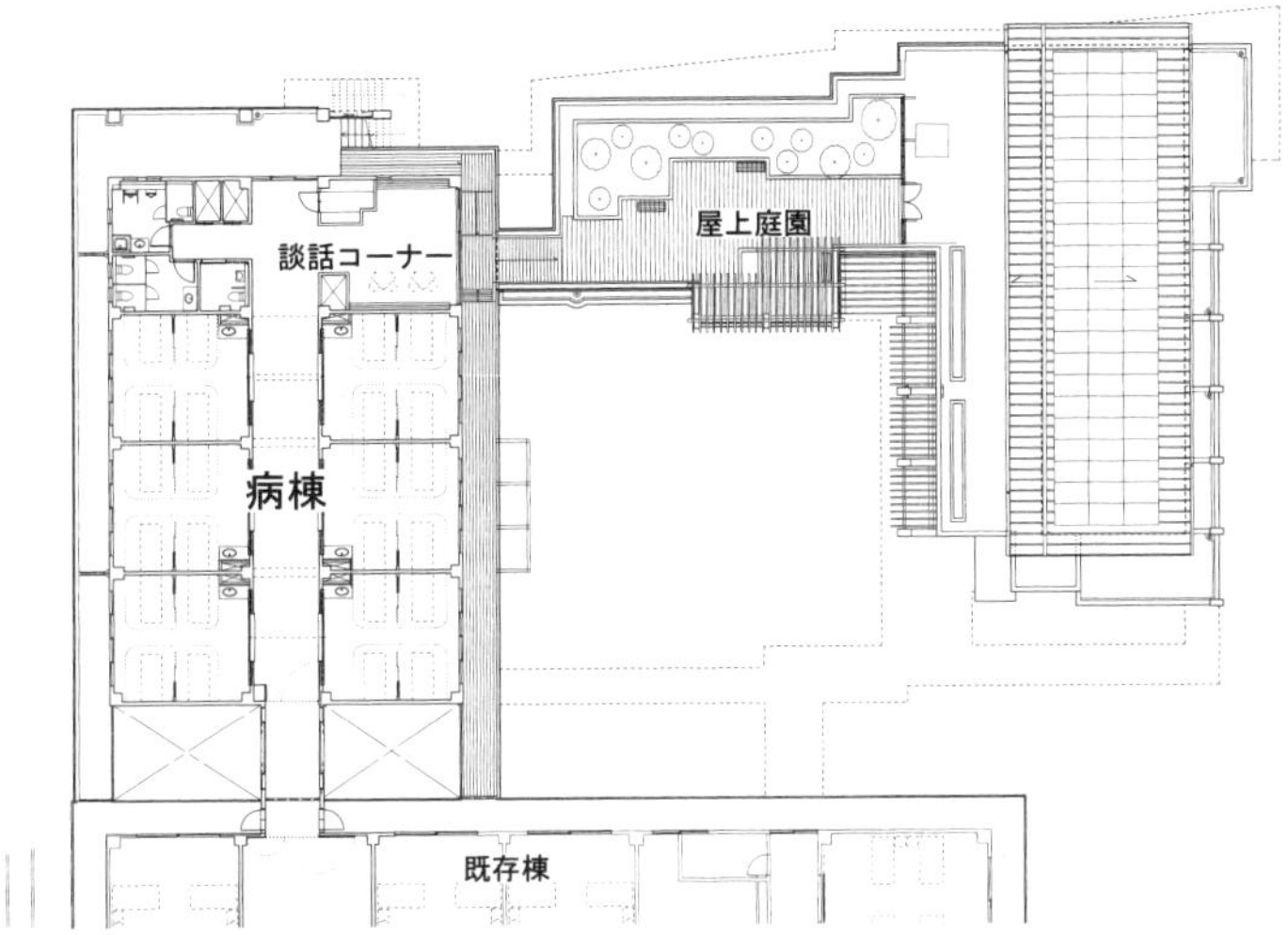

3 階平面図　S=1:600

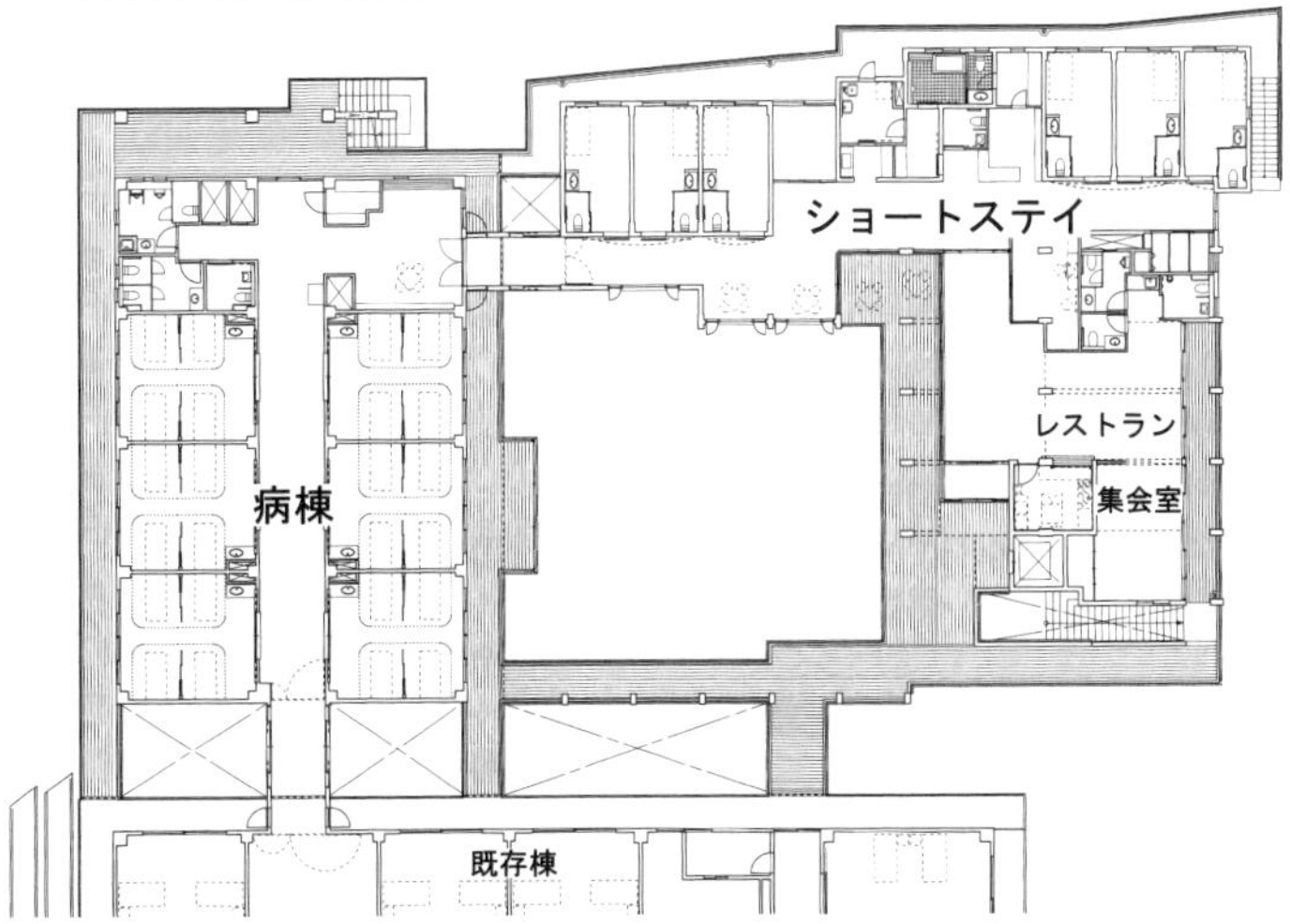

2 階平面図　S=1:600

◉中庭のあるグループホームの暮らし

「あおぞら」は、「桜」と「楓」のふたつのユニットが中庭を囲んで向きあっている。

一日の生活は一人ひとりのリズムで始まる。明け方から起き出す人、ゆっくりと朝食をとる人、時間をかけて着替えをする人とさまざまだ。

九時過ぎには、みんなで一度テーブルに座り、スタッフと一緒に身近なことを話題にしながら、その日の食材を見ながら昼食の献立を話し合う。献立が決まると、黒板に書いて準備が始まる。何人かは近くのお店に買い物に出かける。エプロンをかけて椅子に座り、包丁を手に料理を始める人、食器を並べて配膳の準備をする人、お茶を入れてのんびりする人、テレビの前で語り合う人と、それぞれが思い思いに過ごしている。常連のお店での買い物も順調だ。品物を選び、レジをすませる。車に気をつけて、ゆっくりと話をしながら歩く。猫もいつもの場所で見守っている。

天気が良いと、庭に出たり、近くの保育園の園児が遊びに来たり、賑やかに過ごすこともある。疲れたときは、部屋に戻って、一休みする。昼食にはみんなで手をかけてつくったおかずが何皿も並ぶ。昼食をすませると、庭に出たり、散歩に行ったり、お昼寝をしたり、ゆっくりと時間が進んでいく。中庭との関わりを中心に、落ち着いた生活を送っているのが印象的だ。一年を通じて、お花見や夏祭り、お月見、秋の芋煮会、餅つきと季節ごとの行事が行なわれるのも中庭である。

◉地域に開かれた中庭

中庭は住まいであるグループホームと、地域につながる外部との中間に位置づけられる。内と外との緩衝領域である。入居者にとって自由に散策でき、感覚を刺激する生活の中心的役割を果たす場所である。外からの訪問客は、中庭を通って入って来る。姿が見えることで、心構えができ、安心して迎え入れることができる。中庭は隣接する病院にお見舞いに来た家族も散策し、また隣に開設された職員用保育室の子どもたちの遊び場にもなっている。地域に開き、地域を呼び込む仕掛けである。

集まって生活をする環境のなかで、中庭の果たす役割は大きい。何よりも人の姿が見え

近くのお店に昼食の買い物に行く。

左頁上／入口から「あおぞら」の中庭を見る。正面一階が「桜」、右手が「楓」、二、三階は病棟
左頁下／買い物から戻って、中庭の陽だまりで一休み

YUSUKE

る。声が聞こえる。そして、いろいろな人が集まって活動する場所をつくることができる。地域の人や家族も集まって祭りもできる。入居者とスタッフ、家族を癒《いや》す緑の庭である。

入居者が自由に花を摘んだり、野菜を収穫し、土や水に触れることができる中庭は、日々の生活を予想以上に豊かにした。部屋から中庭を眺めながら、季節の変化を肌で感じ、外気に触れることで体力の維持が保てる。

室内から中庭へは誰でもひとりで自由に出て、散策することができる。それぞれのユニットの台所は中庭に面していて、大きな窓が開いている。スタッフが一日の生活で一番立っていることの多い流しの前で、自然に庭の様子を見守ることができるように考えた。玄関には鍵をかけていないので、行動に不安のある入居者が出て行ったときには、スタッフがさりげなく様子を見に行く。介助が必要な場合は、スタッフが一緒に外出したり、部屋に戻るようにさりげなく誘導することもある。ひとりで外出できる人の行動も、散歩に行ったことをスタッフは確認することができる。

道路や病院との間に中庭を設けることで、入居者ができるだけ自由に生活できる場所をつくりたいと計画し、実現することができた。

季節ごとに緑と花を楽しむことができる中庭は、ボランティアグループによって手入れをされており、中庭はボランティアの活動等、社会との接点をつくり出す場所でもある。ふよう病院の病棟でのボランティア活動などが、グループホームでのボランティアのネットワークを誕生させる力になった。ボランティアや外からの人の出入りがあることが、施設への安心感を生み出しており、それが入居の決め手になったという入居者の家族の声が聞かれる。

◉設計の工夫

❶いろいろな場所をつくる

「桜」と「楓」と名づけられたふたつのユニットは、壁や家具の色など雰囲気を変えて、自分の場所と隣の家との変化を楽しめるように計画した。それぞれのユニットは九室の個室と居間、食堂、オープンキッチン、和室二部屋、浴室、共用のトイレ二カ所、サポート機能などから構成されている。

居間につながる六畳間と予備の四畳半のふたつの和室は、入居者が家族と過ごしたり、

右頁／保育園児を見送る。中庭は子どもにとっても貴重な遊び場だ。

キッチンの窓から中庭の様子を眺めながら作業ができる。

*

買い物から帰って来て、キッチンで昼食の準備をする人、テレビを見て過ごす人、
個室でゆっくりする人、それぞれが思い思いに過ごす。

スタッフのためにと多目的につくった。サポート機能は、事務スペースとロッカー室、洗濯室と備品倉庫、食品庫である。中庭を通って入る玄関と、外部から直接アプローチする勝手口のふたつの出入口を設けている。職員は台所を通って勝手口から出入りするようにした。

先述したように、「あおぞら」では個人から共同の生活までのゆるやかな人のつながりの場所を段階的に計画した。食事やお茶の時間に皆が集まるテーブル、数人でくつろげるテレビを囲む椅子、食事の準備をする台所、掘りごたつのある和室、小さなベンチのあるコーナー、人の目が届かない隠れ場所など。皆が集まる場所、数人で過ごす場所、ひとりで離れて過ごす場所、明るい場所、静かな場所、ひとりになれる個室と、多様な場所をつくった。

共同生活のストレスを解消するために、隠れ場所は必要だといわれていたが、「あおぞら」では個室がひとりで過ごしたり、数人でお茶を飲んだりする場所になっているためか、隠れ場所として計画したスタッフの目の届かないベンチはあまり使われていない。

むしろ「あおぞら」ではスタッフがいるところで過ごす人が多い。誰かが座っていると隣に座る。人と一緒にいることが何よりも落ち着くようである。

❷五感に訴える空間構成

一ユニット九人で生活をするグループホームでは、個室である自分の部屋をどのように認識してもらうかが大きな課題であった。個室が九室並んでいたら、自分の部屋を見分けるには、表札や室番号などのサインに頼らなくてはならない。自分の名前がわかる人の場合はそれですむが、数字や名札などのサインを認識できない人もいる。そこで、それぞれ三室を一組にして三つに分けて個室を配置し、感覚に訴えるようにゾーンごとに壁の色を珪藻土で塗り分けた。そして、三つの部屋の真ん中、右、左からと自分の部屋を識別し、覚えてもらうように工夫した。

「桜」は和室とテレビのある居間を中心に南側に食堂と台所、北側、東側、西側に個室が並ぶ、中心性の高い配置である。開設当初から「桜」の入居者は皆で集まって活動することが多い。真ん中の和室ではスタッフが日

「楓」の玄関。土間は大谷石、三色に色分けした珪藻土の左官仕上げの壁

「桜」の廊下。住宅に近いスケールにしたので壁に手が届き、安全でもある。

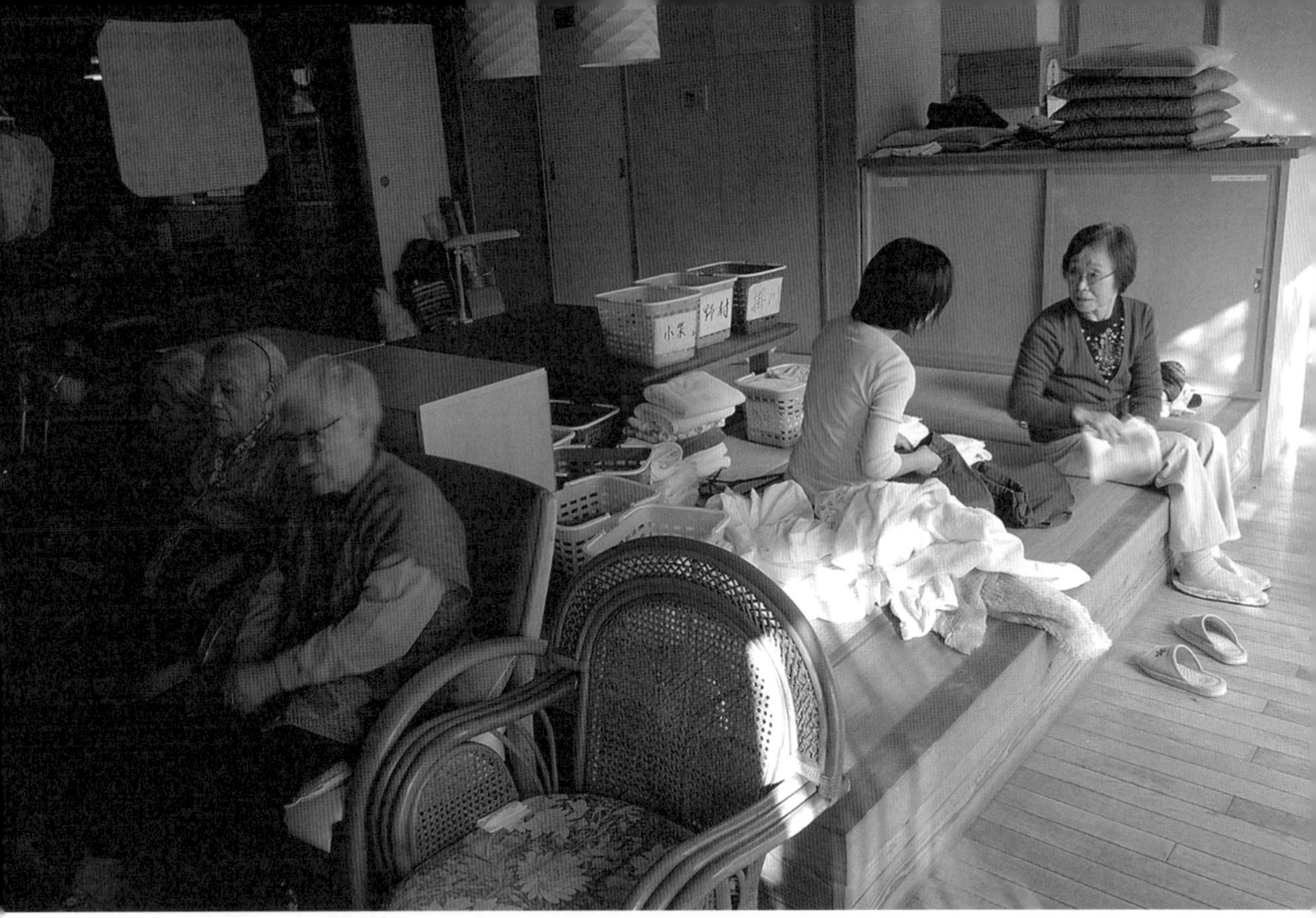

誌を書いたりして過ごす時間が多いので、自然と入居者も掘ゴタツに腰かけて、塗り絵をしたりして過ごすことが多い。

和室を囲むように廊下が廻っているので、自分の部屋から出たときに迷う人がいて、場所を認識するのに時間がかかる。

「ぐるりと廻る廊下は徘徊するのにちょうどいい」という設計者の話を何度か聞いたことがある。しかし、これは徘徊への誤った認識である。認知症の高齢者は、自分のいる場所がわからなくなり、目的の場所に行くために歩き回る。歩いているうちにどこに行こうとしているかわからなくなり、混乱し歩き続ける。「徘徊は目的がある行動です。部屋から出るとまっすぐに広いほうへ行く傾向がある。入ってきた方向と違う方向に出て行くと、わからなくなって迷ってしまう」と、濱田さんは説明する。自分のいる場所を認識できる工夫が、何よりも大切なことだ。

一方、「楓」は、居間・食堂から、東、南、北へと三方に廊下が伸びている。それぞれに個室を三室ずつ配置したクラスタータイプ（房状）の構成になっている。「楓」のほうが個室の場所を認識するのは早い。そして、住人は集団で行動することをあまり好まない。

お隣同士のこの性格の違いは、グループホームに入居する前歴が家族や施設で生活をしていた方とひとりで暮らしていた方との違いにもよるが、スタッフの性格やユニットの間取りの違いにも影響されているようだ。

❸プライバシーを守る個室とトイレ

個室でのプライバシーが守られて初めて共同の生活を楽しむことができる。個室は一人ひとり違った使い方をしている。扉を開けたままほとんどの時間をみんなと食堂で過ごし、個室では眠るだけの人、個室から出るときは鍵をかける人、個室でゆっくり過ごす人、気の合う友人を招いてお茶を楽しむ人、趣味の楽器を奏でる人……。個室で過ごす時間は入居者それぞれ違っている。けれど、いつでもひとりになって過ごすことができることは、集団で生活することからくるストレスをなくすことができる。

個室の面積は約一〇畳（約一六・五㎡）で、各室にトイレ、洗面台、造りつけの収納を備えている。その他にベッドや家具を置くことができる。壁は一部を杉板と珪藻土の左官仕

右頁上／「楓」の和室では洗濯物をたたみ、居間でテレビを見て過ごす。左は食堂。
右頁下／「桜」の和室は職員もよく使い、一緒に塗り絵をすることもある。

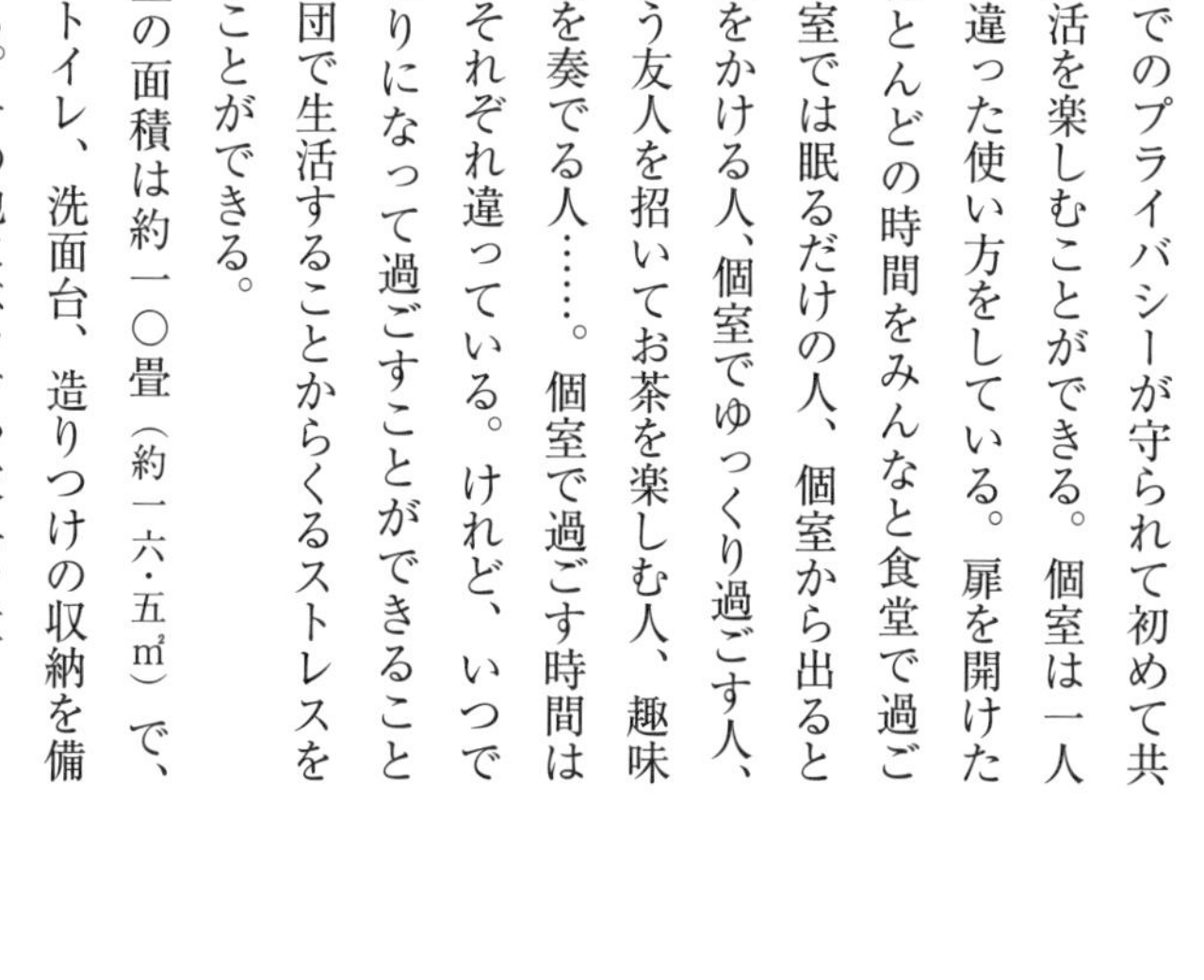

個室のスケッチ

上げにしている。

「あおぞら」には、ふたつの部屋を建具で間仕切り、つなげて使うこともできるタイプの部屋もつくった。個室より共同の生活を希望する入居者がいたときに、対応できるように考えたが、これまでそのように使われたことはない。

個室の建具は引き戸にしている。建具を開閉するときに人に当たる心配がなく安全であり、室内の気配を感じながら少しだけ開けておくこともできる。建具にはプライバシーを守るために窓は開けてないが、欄間を付けて室内の気配が伝わるようにしてある。建具は内から鍵をかけることができる。しっかりしている人は、部屋を出るときにも外から鍵をかけている。個室は個人の領域である。

高齢になっても最後までトイレに自力で行けるようにしたい、夜中でもすぐ近くにトイレがあることは安心感につながるという四ヶ所理事長の思いから、個室にトイレを設けている。トイレは介助を考えて広いスペースをとる例もあるが、落ち着いて使用できるように、一般の住宅のトイレの大きさに近い寸法でつくった。そして介助や車椅子の使用などで、広いスペースが必要になったときのために、引き戸の建具と間仕切りの壁を取りはずして、カーテンをつけることができるように工夫している。

計画段階では、スタッフから共用を含めて十一のトイレを掃除するのは大変だ、負担が大きいとの不安の声も上がった。けれど排泄の介助は個人の人権を尊重しながら、他の入居者との関係に配慮して行なうために、個室のトイレ介助が大切な役割を果たすことに気がついた。

自力でトイレを使える人が失敗して衣服を汚しても、自室で着替えることができる。またトイレ介助が必要な人も、着替えもお湯も個室にすべて備わっているので、身体を拭いてしっかりと身づくろいができる。すべての介助を他の入居者には知られずにすませることができるのが何よりもありがたいという。

共用のトイレでの介助は着替えの問題や他の入居者からの視線など、介助される側の自尊心に関わるが、個室での介助は気持ちを傷つけることが少ない。またトイレ掃除を丁寧にすることで、一人ひとりの行動の把握ができるのも良かったという。認知症の程度もわ

立派な仏壇と一緒に引っ越してこられた入居者

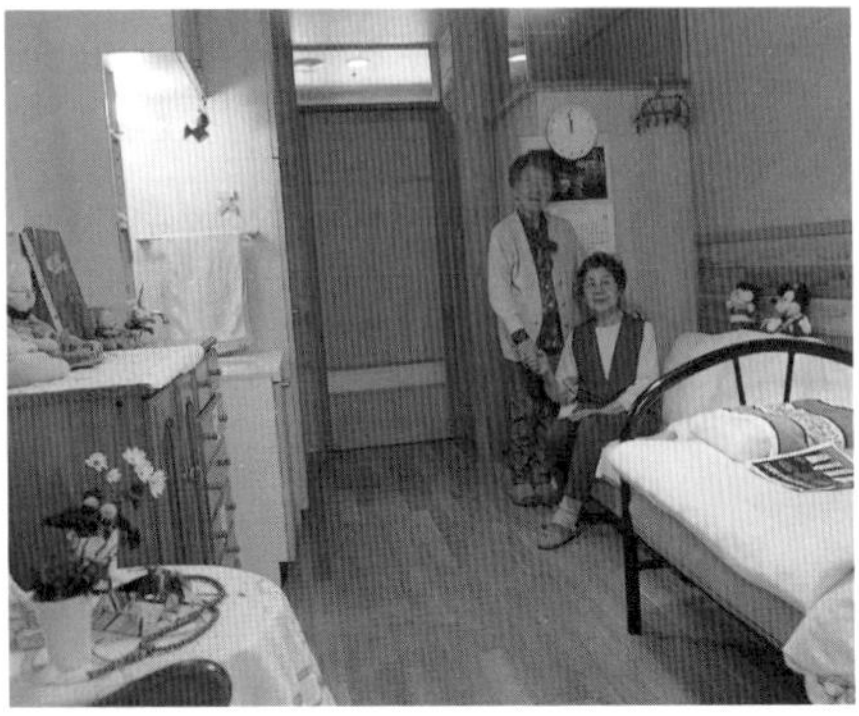

家族が家具や人形を揃えた個室。部屋の雰囲気は一つひとつ違っている。

上／トイレは住まいのスケールでつくり、落ち着けるように考えた。車椅子が必要になったときには二方向の建具を開けて、介助がしやすいように工夫した。
下左／個室のトイレと洗面台
下右／個室の入口は木製の引き戸。小さな庇をつくり、欄間と建具の一部に半透明な窓を設けることで、室内の気配が伝わるようにした。

かる。自力でトイレを使うことは何よりも自立につながっていく。

❹認識できる段差をつける

「あおぞら」では水廻りをバリアフリーにしているが、それ以外の場所では段差をなくす仕上げにはしていない。アンチバリアフリーの建築である。玄関には上り框《かまち》を設け、段差をつけた。土間は大谷石、床はナラフローリングと、床の仕上材料と色をはっきりと区別して、外と内の違いを認識できるようにした。靴を脱いで部屋に上がる意識を刺激するためである。建具を格子戸にしているので、外出から戻った人の姿を見て、出迎えるのが日常になっているが、段差がないと靴を履いたまま部屋に入ったり、スリッパのまま外に出てしまう。車椅子でも上がれる高さの段差をつけている。

　和室の床も腰かけることができる高さにして段差をつけた。最初は心配したが、しっかりと認識して上がり下りしている。高さがあるので気をつける。小さな家具を置いて落ちないように工夫をして使っている。手摺をつけなかったので、人がたくさん集まるときに

和室の床は 30 ㎝の段差がある。腰を掛けて洗濯物をたたむのにちょうどよい。

は、家具を移動して和室も居間とつなげて使うことができる。

建物の内部には、身体の衰えを防ぐために、安全に行動できる階段や段差をつくり、街はできるだけバリアフリーにすることが望ましいと考えている。

❺身体寸法と住まいのスケール

「あおぞら」の計画で最も工夫したのは、施設のスケールにせず、住宅の身体寸法に合った空間をつくることであった。住まいのスケールを保ちながら、たくさんの人が集まってもゆったりと過ごせるように、寸法を決める工夫をした。廊下の幅はゆったりと広くとる場所と、ひとりで安心して歩ける住まいのスケールを組み合わせている。全員が集まる居間や食堂は常に一〇人以上の人が過ごす。けれど数人で落ち着いて過ごす場所やひとりになる場所も必要である。

そのため設計の途中で、実際に原寸の模型をつくり、敷地に設置して、スタッフや病院の職員、デイケアに通う方たちに歩いてもらう「原寸模型ワークショップ」を行なった。そこで通路の幅、和室の床の高さ、窓の高さ、

玄関は土間の大谷石と木の床と材質を変えて、10㎝の段差をしっかりと認識できるようにした。 ＊

家具の高さなどを決めている。

また個室の出入口には小さな庇を付けて、大きな空間のなかでも住まいのスケールを感じられるように工夫をした。

人の気配を感じる仕掛けとして、和室と廊下の間につくった収納家具は、和室に座っている人には囲まれた感じで落ち着くことができるが、廊下を歩いている人にとっては視線を遮らずに全体を見渡せるような高さにしている。廊下側からは一二〇cm、和室側では床が三〇cm上がっているので、九〇cmの高さである。

年齢を重ねると身体は小さくなり、椅子やテーブル、洗面台などは既製品の高さでは使いにくくなることが多い。トイレの便器は、便座の高さが三九cmと低いものを使用して、しっかりと足が床に着くようにした。また洗面台の高さは六五cm、椅子は三八cm、テーブルの高さは六八cmと低めにした。スタッフが使うキッチンは八五cmを基準にしているが、オープンキッチンの作業テーブルは七〇cm、椅子に座っても立っても作業できる高さにしている。

❻鍵はどこにつけるか

鍵をどこにつけるかは、設計の段階で何度も打ち合わせをした課題であった。鍵は本来自分の領域を守るためにつけるものであるが、高齢者の施設では鍵をつけることで入居者が閉じ込められたと感じることも多いはずである。「あおぞら」では、入居者ができるだけ自分の意志で行動できるように考え、鍵の取りつけを工夫した。

中庭の門の鍵は、内側と外側の二カ所に取りつけた。ひとりで外出できる人は内外、両方の鍵を自分で開けることができるが、ひとりで行動できない人はスタッフの支援を受けて出入りするようにした。鍵の開閉を自分でできるかどうかが、行動の目安になる。

個室には内側から鍵がかけられるようにした。夜の見回り時に鍵をそっと開けて、様子を確認するが、基本的には外から鍵をかけて閉じ込めることはない。個室から出るときに、入居者自身が鍵をかけて部屋を離れることがあるが、認知症が進むと鍵はかけなくなる。また外出するときに、スタッフに鍵をかけておいてと、頼む入居者もいる。それも入居者の安心のための鍵の使い道である。

グループホームの計画を病院や近隣にも報せる「原寸模型ワークショップ」＊

中庭の扉には内と外二カ所に鍵をつけて、安全を確かめるようにしている。

左頁／オープンキッチンの大きなカウンター。調理や配膳に大活躍

❼大活躍のオープンキッチン

台所は誰もが自由に出入りできるオープンキッチンにした。台所と食堂の間に、流しのシンクを組み込んだ大きなカウンターテーブルもつくった。

昼食準備の時間になると、何人もの入居者がこのカウンターに立ち、包丁を手に、野菜を刻んだり、和え物をしたり、食器を拭いたり、配膳にと立ち働いている。

台所の計画でもいくつかの議論があった。台所をオープンにして入居者が調理の作業に参加できるようにしたいが、冷蔵庫や包丁の管理をどうしたらいいかという課題であった。危険ではないかというアドバイスもあったが、「将来仕切りをすることができるなら、まずやってみよう」と、四ヶ所理事長は決断をした。実際に夜、冷蔵庫を開けてつまみ食いをする入居者もいた。

濱田さんは「いたずらや行動障害には原因がある。冷蔵庫を開けて食べ物を食べるのも、それまでの不安からくる行動で、いつも空腹への心配があったのだと思う。寝る前にちょっとおやつを口にしたり、見えるところ

にお菓子を置かなかったり、ちょっとした配慮で治まることが多い。いたずらや行動障害もそんなに長く続くことはないので、落ち着いて対処できる」という。そんな行動を制限するために、台所を区切るのはもったいないと濱田さんは語る。

オープンキッチンで入居者が食事の準備をするのは、一日の活動のなかでも大きな比重を占めている。「包丁とまな板が足りないほどです」とのスタッフの声もあった。長い間、台所に立ってきた女性にとって、調理に関わることは生きていく上で、とても大切な生活の一部である。認知症になっても、包丁をもって料理をする能力は衰えない。

包丁さばきは達者でも、切った野菜をどうしたらよいかわからなくなってゴミ箱に捨ててしまったりするのが、認知症の行動障害だ。行動の関連づけができなくなった人から、包丁を取り上げるのではなく、野菜を切り終わったら、スタッフがボールを差し出してなかに入れる。そうしたさりげない介助で調理はスムーズに進んでいく。家庭ではなかなかできないことだ。

台所が閉鎖され、スタッフが調理した食事

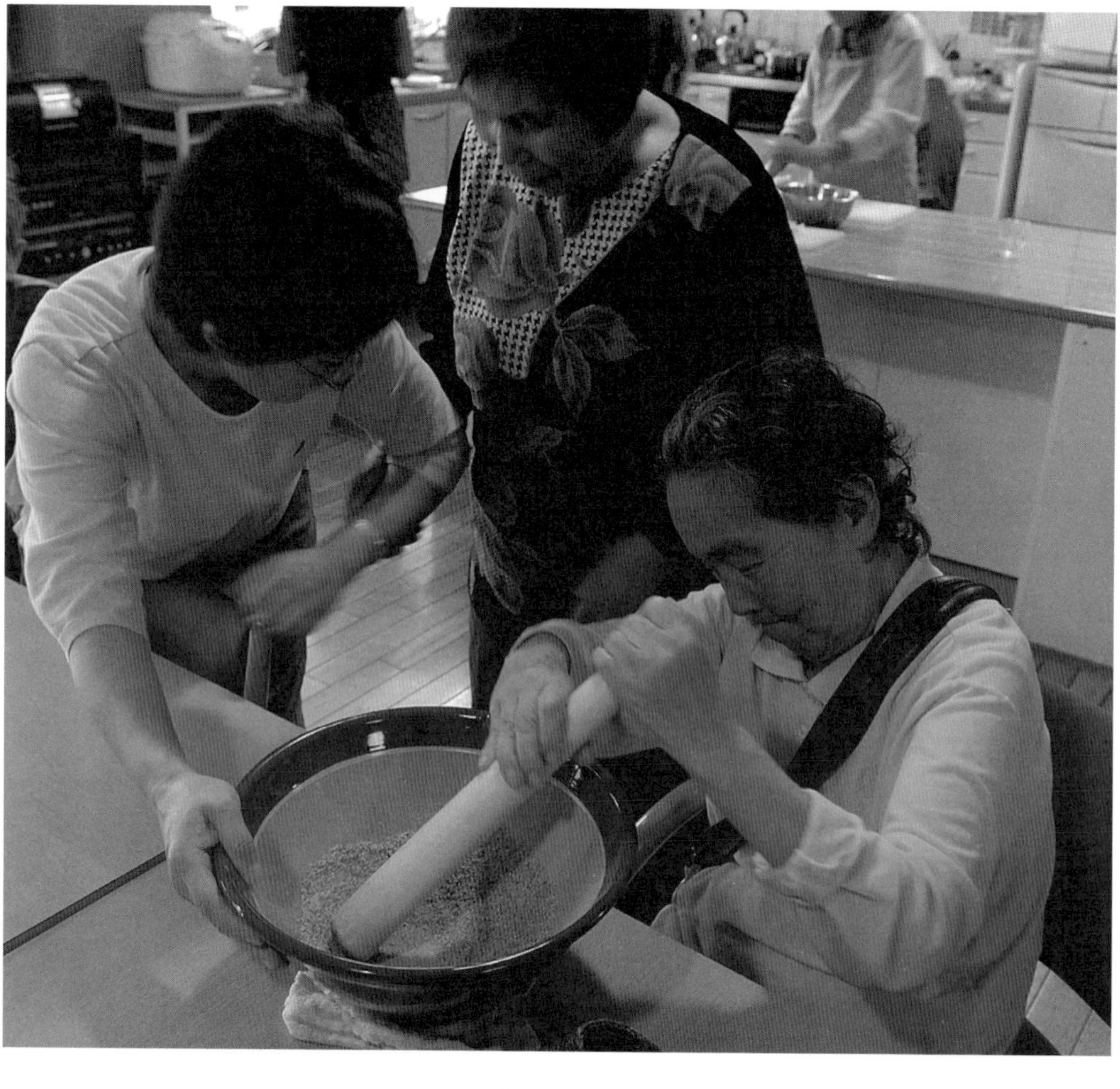

では、入居者への配食になってしまう。スタッフのサポートを受けて、できるだけ自分の力で生活をするグループホームでは、入居者が食事の準備に関わることのできる環境をつくることが必要である。台所は入居者にとってもスタッフにも生活の中心に位置する場所である。

❽木のお風呂

入浴には介助が必要なので、浴室は広めにつくり、浴槽は木にした。「木のお風呂は温泉を連想するのか、入浴拒否が起こりにくい」と濱田さんはいう。浴槽の框はつかまりやすく、滑らないようにし、浴槽の設置高さを低く、浴槽の深さも浅くした。浴槽の高さにそろえてつくった木の椅子を浴槽の隣に置いて、そこに腰かけてから身体をずらして、そのまま浴槽に入れるようにしている。

工夫をしたのはトイレの併設である。入浴すると身体が温まり、トイレに行きたくなる人もいる。そこで浴室からそのまま入れるように隣にトイレを設置した。利用頻度は少ないので、スタッフの更衣室からも兼用で使えるようにしてある。

❾自然エネルギーの活用

グループホーム「あおぞら」では太陽光エネルギーを利用して暖めた空気を室内の換気と暖房に利用するＯＭソーラーシステムを採用している。屋根に集熱パネルを設置し、屋外の空気を暖めてダクトを通して一階の床下コンクリートに蓄熱し、室内に暖かな空気を送っている。夏はその熱を利用して暖めたお湯を使い、エネルギー消費を抑えている。

また、中庭の土と緑、流れる水は、夏の暑い空気を冷却する効果がある。アスファルトで舗装された道を歩いて、敷地の奥にある中庭に入ると、空気がひんやりと感じてほっとする。その他にも、建物の雨水を集めてタンクに貯水して池の水を循環させたり、屋上の風力発電で中庭灯を点灯させたり、自然エネルギーを活用するシステムを取り入れた。

◉第三の人生に挑戦

高齢者の生活を認知症をバネに新しい展開へと導いているのが、ホーム長濱田秋子さんの発想と意気込みである。

彼女は「認知症であっても、もう一度輝か

右頁／スタッフと一緒にゴマをする。
包丁を持つ調理の腕はいつまでも現役

木の浴槽と隣に設置したトイレ

せて、活き活きとした生活を過ごしてもらいたい」、「介護だけにとどまらず生きるためのサポートができるはず」と、入居者をどんどん社会へと引っ張っていく。

例えば、地域の小中学校でのボランティア活動に「あおぞら」の入居者は参加している。小学校では昔の遊びを子どもたちに教え、それがきっかけで、子どもと親の会話が生まれる効果もあるという。中学校では人生相談のコーナーを設け、子どもたちとの会話がはずむという。高齢者と触れ合う機会の少ない子どもたちにとって、こうしたことが大切な経験になるはずである。

その他にも「あおぞら」の住民は高齢者のファッションショーに参加してステージに立つこともある。地域の展覧会、演劇会、交流会への参加など、活動の場は多方面にわたっている。

高齢になって家で穏やかに暮らし、静かな余生を送る考えとは正反対に、どんどん社会の表舞台に出て華やかに生きていこうとしている。新たなステージに立つ高齢者はキラキラと輝いている。

雑誌の写真取材に応じる機会も多く、積極的にグループホームでの生活を紹介している。認知症であることをマイナスイメージで隠すことが多かったが、それはある意味の人権を損なうことにつながってきたのではないだろうか。認知症であっても、はつらつと元気に活動していることを積極的に社会に向かって発信できることが、入居者にとっても家族にとっても、新たなエネルギーをつくり出している。

家族ではできないことを知識と技術をもった専門家がサポートして、認知症の高齢者であっても社会的な活動と落ち着いた暮らしを送ることができることをグループホーム「あおぞら」は示し、広めようとしている。

四ケ所守理事長（右）と濱田秋子ホーム長

第４章

「終の住処」は地域再生の拠り所

●仲間と生きる場所

アジアの集落を訪ねるのが好きだ。二四時間営業のコンビニも自動販売機もない、小さな店が一軒しかないような村である。そこにあるのは生きる力である。子どもも大人も老人も、動物たちも自然と向き合いながら一人ひとりの力で生きていく。そして地方の村ではまだ住まいを建てる「結《ゆい》」が残っていて、村人総出で石や土、瓦を運んで住居を建てている。重い材料も長い距離をひとりで運ぶのは重労働になるが、受け取ってすぐに隣に渡していくと、お祭り騒ぎのうちにあっという間に瓦は葺き上がる。

舗装されていない道には、塀の脇や道端にちょっと腰を掛ける場所がある。お年寄りや赤ちゃんを抱いた若いお母さんが座って、一日を過ごしている。村や谷、対岸の風景が見渡せる見晴らしのよいビュー・スポットが、人の集まる場所になる。家々の様子を眺めながら、子どもたちも集まって賑やかだ。外からやってきた私たちも、遠くから見られることで認知されていく。

そんな村のひとつで、印象深い青年に出会った。成人した身体の大きなひとりの青年が子どもたちと一緒になって、農閑期の田んぼで遊んでいる。見ていると子どもたちのほうが彼を仲間に入れて一緒にいる。仲間はずれにはしない。大人たちも黙って見ている。

現代日本の社会であれば知的障害があると思われると、子どもと遊びたくても排除されかねない。けれどここで生きる青年は明るい。誰よりも好奇心旺盛で、私たちの行動に興味津々だ。どんなことにも積極的に参加して、みんなが楽しくなる。けれど農繁期になると、今度は一人前の大人として、農作物を運び、土を運び、忙しく働いている。大人と子どもの両方の世界で受け入れられて暮らしている。生きる場所がある。

またあるとき、タイの織物について興味のある話を聞いた。若いときは細かな模様の絣《かすり》を織っていても、歳をとって視力が落ちてくると、細かな作業はできなくなる。そのときは、大きな模様の布を織る。それもまた魅力のある布に仕上がるという。高齢になってもいつまでも織り続けることができる。歳をとったからこそできる表現がある。そんなあたりまえのことを、いつの間にか私たちは忘

東チベット高原少数民族イ族の村。
右／道の端で過ごす老人。
左／子どもたちと走り回る青年（後方）

＊

東チベット高原の村での住まいの建設風景。上／村中総出の屋根瓦葺きは祭りのような賑わい。右下／チベット族の石積み住居建設では石運びは結で行なう。左下／イ族の版築住居。版築の道具は共有、青年も手伝って敷地の粘土を運び、突き固める。

れてしまっている。

　都市では高齢者も知的障害者も子どもも、別々に分けられて、同じような仲間だけで隔離され、誰かに管理されて生きるようになってしまった。常に見られていることでのストレスから起こる犯罪も多い。集まって住む都市は人が生きていく場所をつくるはずが、いつの間にか異質なものを排除する、自分自身も隔離する、誰も安心して生きられない場所をつくっているのではないか。そう強く感じる出来事や犯罪が増えている。

◉仕事のある暮らし
——高知、「市」が賑わう街

　地方を訪れると、活動的な高齢者に出会う。農村で働いているのは元気なおじいさん、おばあさんだ。都市郊外の住宅地でも昼間活動しているのは高齢者だ。土佐漆喰の左官の仕事を見学に訪れた高知でも、高齢者の活躍が新鮮だった。高知は歴史のある街路市が開かれることでも有名だ。高知城下で毎週日曜の早朝から夕方まで開かれる「土佐の日曜市」は、三〇〇年以上続く伝統的な街路市である。その他の日にも火曜市、木曜市、金曜市が近隣の生活市として開かれる。約五〇〇の店が並び、一五〇〇〇人が訪れる日曜市は、市民の生活のためというより県外から訪れる観光客も多く、日常生活から離れている観もある。けれど市に店を並べているのは、市内の農家や生産者に限られる。お客さんよりも店を任されているお年寄りの元気に目がいった。

　早朝、家族が一緒に来てテントを設営し、商品を並べて引き上げる。店を守るのはお年寄りの仕事。のんびりと構えて商売をする人。賑やかにお客さんを捕まえる人。なかにはお店の商品はそっちのけで、お客さんを捕まえては雑談に精を出し、趣味の手作業に花を咲かせているおばあさんもいる。お客も楽しそうに話を聞く。午後になると、座ったまま気持ちよくお昼寝する姿も見られる。一日しっかりと仕事をして、夕方、家族が迎えに来る。週一日の活気ある大切な仕事を任されているお年寄りは元気だ。

　屋台村「ひろめ市場」も強烈だ。朝からお酒が飲めるので、早朝はお年寄り仲間が一杯やって盛り上がっている。午後になると、屋台のご馳走を手に、お年寄りと学校帰りの高校生が埋め尽くす賑わいだ。老人も若者も観

*

*

高知市の商店街にはベンチや買い物のカートが置かれている。

市のお店を仕切るのは近郊の生産者のお年寄りの仕事。　＊

「ひろめ市場」は仲間が毎日集まれる場所。高校生も観光客も楽しめる。　＊

光客も集まって過ごす場所だ。

　市から横に入った商店街にも高齢者に嬉しいアイデアがあった。アーケードにはベンチが据えられ、一休みできる。また商品を運ぶカートも置かれている。それだけで、体力の落ちた高齢者がゆっくり休みながら自分の力で歩き、楽しく買い物ができる。高齢者が現役で生活し活動できる、これからの都市のお手本になる街に出会った。

◉アトリウムのある集合住宅

　二〇〇〇年八月、グループホームを設計するために、オランダとデンマークの高齢者向け集合住宅やグループリビング、グループホームを見学したことがあった。そのときに訪問したオランダ、ロッテルダム郊外の集合住宅は地域や高齢者の生活を考えた建物であった。高層のタワーマンションとは対照的な役割を果たしていると感じた。

　大きな集合住宅の建物に入って行くと、中央にはガラス屋根の大きなアトリウムがあり、屋内庭園とパラソルの並んだレストランやカフェが賑わっている。居住者だけでなく、地域の誰もが利用できる公共の広場だ。

　ヨーロッパ北部のオランダは、夏でも風が冷たい。北風を防ぎ、ガラスの屋根から太陽の光を取り込む屋内化された場所で、初めて半屋外的な広場での活動を楽しむことができる。真夏でも空調設備の必要のない気候風土で、ガラス屋根のアトリウムがつくる居心地のよさは格別である。北ヨーロッパでは、風を遮り、光を取り入れるガラスの建築が生活を快適にする。夏は光を遮り、風を通す工夫が必要なアジアの気候風土とは対照的な場所である。

　住戸は大きなアトリウムを囲んで配置され、回廊を行き来する住人の姿が見える。集合住宅には、子どものための保育室や認知症高齢者の施設もあり、夫婦のどちらかが認知症になって施設に入所しても、いつでも会いに行くことができる。

　住民の生活をサポートするこの小さな町で何よりも驚かされたのは、高齢者の生活をサポートするボランティアの数の多さである。数千人規模のネットワークが動いているということだった。集合住宅は居住者とその近隣から登録されたボランティアが活動するための中心機能を果たしていた。

オランダ、ロッテルダムの集合住宅 ＊

アトリウムを囲む住戸 ＊

大きなアトリウムの周りに住戸が配置され、玄関の前にはテーブルや椅子が置かれている。　*

アトリウムのレストラン。それを囲むように住戸の入口とキッチンの大きな窓が見える。　*

高齢者をサポートするのはひとつの施設だけではない。町全体が大きなシステムとして動いている現実を、当然のこととして説明を伺った。アトリウムでは人が集い、生活をサポートする地域の核となっていた。居住者の閉じた共同体を開かれた場所にしていた。アトリウムを囲む小さな街は地域に開かれた集まって住む場所、高齢者をサポートするコミュニティーであった。

●柔らかな街、柔らかな建築へ

一〇年ほど前、私が学んだ地域の小学校で一九六〇年代に私が通っていた頃の話をする機会があった。事前に地図を手に三〇年以上経った子どもの頃遊んだ場所を歩いてみた。土地の区画はそれほど変わっていなかった。けれど放課後子どもだけで集まってよく遊んだ草の生えた空き地は、アスファルトで舗装された駐車場やマンションになり、空き地は姿を消していた。また道路との境界がはっきりとしている。

六〇年代当時は生垣が多く、私有地にも子どもの抜け道が縦横にめぐっていた。神社の裏の垣根の隙間から住宅の間を縫う細い道は近道だった。けれど敷地境界にはフェンスや塀がめぐらされ、道路以外の歩行ルートは姿を消した。車が増え、住宅地であっても道路は子どもが遊ぶ場所ではなくなっている。街の境界は硬くなり、隙間がない。

小学校は随分前に鉄筋コンクリート造に建て替えられたが、それ以前の木造二階建の校舎は渡り廊下でつながれ、校舎の間には花壇のある小さな庭があった。木造校舎の廊下を米ぬかの「ぬか袋」で掃除をして、ピカピカにツヤが出て得意になったことも思い出した。担当の先生から、「木造校舎のときは、ぶつかって転んでも大怪我をすることはなかったのに、コンクリートになってから救急車を呼ぶような怪我が増えました」と現場の声を伺った。

街も建物も住居も硬くなっている。子どもだけで安全に遊べる場所も姿を消してしまった。子どもだけではない。高齢者にとっても同じだ。地域や個人の安全のためには高い塀を取り払って、周りからの目が届くようにすることが防犯の第一歩である。そして、部屋からの視線が周囲に届くことが地域の安心をつくり出すはずだ。それでも、次々と人間の

*

*

ロッテルダムの集合住宅の住戸内部。右／椅子に腰掛けて作業ができるキッチン。左／水廻りは居間と寝室の両方から使えるように設計されている。

身体能力を遥かに超えた住まいとして巨大なマンションが建設されていく。

低層の住宅が建ち並ぶ街区に、高層の集合住宅が突然建設され、ビル風や巨大な影が広域な住環境に大きな影響を与える。小さな子どもや高齢になった人の行動を大きく妨げる。体力が落ちても、ゆっくりと自分の力で生活できる街とはとても呼ぶことができないのが、超高層マンションの林立する街である。そんななかで開発や建設に反対する看板が、住民の街への思いを伝えている。

高齢になっても、また小さな子どもたちが安心して生活できる街をつくるために、高層マンションの建設を制限する地区計画を住民がつくる事例も増えている。住民も建築制限のリスクを負いながら、生活環境を自分たちの手で守る。高齢者が車椅子でも買い物や散歩が気軽に安心して楽しめる街にしたい。

●暮らしの記憶を辿れる街

デンマーク、コペンハーゲンの認知症高齢者のグループホームを訪ねたとき、入居者の部屋に案内されると、居間には使い込まれた家具が置かれ、家族やお孫さんのたくさんの写真が飾られていた。

「この家具は結婚したときに買ったものです」と、大切そうに説明をしてくれる方、「母の代から使ってきました」と、時代物の家具を見せてくれる方もいた。

物を大切にして、生きてきた証を求める姿に強い印象を受けた。そこに、歴史ある街並みを大切に守り、戦災で破壊された建物でさえ時間をかけて世代を超えて復元するエネルギーにつながるものを感じた。家具や建物、街並みを残すことで、生きてきた時間の記憶をしっかりと刻むことができる。

認知症になった母親の介護をする知人が、「母が生まれ育った街が今も残っていれば、一緒に行って過ごすことで、落ち着くことができるのではないかと思う。でも昔の記憶を辿れるような物は何も残っていないからね」と嘆いていたのとは対照的である。

確かに、私たちの周りでは建物は非常に短い時間で取り壊され、建て替えられる。少し見ない間に街は姿を変え、認知症でなくても記憶を辿ることは難しい。私たちは生活の歴史を刻むことのない社会で生きている。姿を消す街並みや大きな樹木を惜しむのは、単な

高齢者にとって快適な居場所がない日本の都市。右／駅前の公園のベンチはゆっくりと座れない。みんなコンビニの前のベンチに集まっている。左／疲れて大通りの脇に腰掛ける高齢者

＊

＊

るノスタルジーではないはずだ。

時を刻んだ住まいや街並み、樹木や自然に触れ、自分が生きてきた時間を超えて存在するものの力を感じることで、過去と未来を想い、現在を知ることができる。小さな子どもでさえも現在を生きる行為が遠い未来をつくる責任の重さを実感することができる。

時を積み重ねた地層のような風景のなかに、新たなエネルギーを蓄積し、生きる力を育てる。時間の営みを感じることのできる街並みは都市の財産である。

◉終の住処を地域再生の拠り所にする

核家族やひとり暮らしが増えている。家族だけに閉じこもらずに、地域で一緒に生きる仲間をつくることで、はじめて活き活きと安心して暮らせる終の住処になるはずだ。それは高齢者だけではない。子どもにとっても、子育て世代にとっても、介護者にとっても孤立しないで生きる場所が求められている。

住居はまちづくりの基本である。生きるために必要なことは何か、街へと提案できることは何か、住まいが地域や社会への視点をもつことで、はじめて生活する人の顔が見える

住まいや街を取り戻すことができるのではないだろうか。建築や住まいがつくる場所の力、そして人の力をもっと信じてもいいはずだ。

グループリビング「ＣＯＣＯ湘南台」代表の西條節子さんは、「人間のいのち、生涯を考えない苦しい社会になっています。しかし、市民力、地域力がハングリーのなかから芽生え、強い力になっていくことを期待しています」と語る。高齢者が生涯を活き活きと生きるために、西條さんたちが提案した集まって住むグループリビングは、そこで生活する住人だけにとどまらず、地域へと活動の範囲をどんどん広げている。ＣＯＣＯ湘南台に生まれた「ＣＯＣＯみちしるべ」は、市民の力で誕生した高齢者支援の拠点である。

グループホーム「あおぞら」でも当初から地域開放の集会室やボランティアが活動できる中庭を提案してきた。入居者の生活を閉ざさないために、地域の人や子どもたち、研修生を積極的に受け入れている。そこで生まれる人の関わりが、入居者の生活に刺激をつくりだす。子どもと若者、男性と女性、人の関係がどんどん広がり、小さな社会ができている。ホーム長の濱田秋子さんは今、活動を地域へと広げて、増加していく在宅の高齢者のために場所を提供することを考えている。出かける場所のない地域のお年寄りの拠り所として、中庭を活用してお茶を飲んだり、話をしたりできるように地域づくりを仕掛けている。入居者のための地域に開かれた場所が、地域の子どもたちや高齢者の活動拠点と重なり合い、広がりつつある。

こうした試みは個人でも可能だ。地域の人を呼び込むためには、住まいの私的な領域と公共的な外部の間に、中間領域としての庭や縁側、デッキ、さらに集会室やギャラリー、アトリエなど、人の集まれる場所や仕事場をつくり、仲間が気軽に出入りできるような工夫を仕掛けたい。外に対して閉鎖しないことである。

個人の思いで提案した場所に人が集まり、地域での関係が広がることで、街に居場所ができていく。人も地域も活き活きと活性化する場所は個人の提案でもできる。これは誰もができる小さな「まちづくり」である。

右頁および左／東中野駅前のパオコンパウンド（設計／ＳＩＴＥ）は一、二階に店舗がある九階建の集合住宅。裏の住宅街と表の大通りに通り抜けの道をつくった。一階ピロティでの祭りに仲間や家族が集まった（二〇〇一年夏）。

あとがき

生きるための力になる場所をつくりたいと、建築の仕事をめざす若者は後を絶たない。事実、個人の力で住まいや街はつくられていく。住まいは地域の営みであり、いざとなれば自力建設でも自分の生きる場所をつくれるような制度が本当は必要とされている。けれど、この国に建てられた建築や住居は、メンテナンスもされずに老朽化という口実で次々と取り壊され、建て替えられてきた。建築も人も生きる場所を失っていく。そんな思いを抱えて、小さな住居の設計を続けてきた。

二〇世紀初頭、建築家の課題は個人の住居と街づくりであった。日本の建築家は一九五〇年代に、第二次世界大戦後の焼け跡に復興後の都市への提案として、住居を設計した。けれど、そうした試みは広がることなく、住居は瞬く間に商品化され、短期間で消費される物として、経済活動に飲み込まれていった。そして現在、建築やデザインはファッションとして花盛りである。

そんななかで、住まいを高齢者が生きる場所である「終の住処」という視点でまとめる機会を与えられたことで、住まいが本来もっている役割や力を見直すことができた。高齢者だけではない。子どもにも若者にとっても、積極的に場所をつくることで、街が生きる場所になる可能性があることをもっともっと認識していきたい。

私の師、建築家・吉阪隆正は、東京八王子の大学セミナー・ハウスや富山の呉羽中学校などで、人と人の関係をつくるための建築を提案し続けた。壁が東西を分断したことで世界の思想を二分する力をもつことに象徴されるように、壁を建てることを決して認めない建築家であった。言葉を超えて人のつながりをつくることも断つこともできる建築や物のかたちの力を何よりも信じていた。そして吉阪は人を育てることが街づくりにつながるとも語っていた。人の思いや力は、ひとりでも地域や社会を変えることができるはずだ。

本書は高齢者が兄弟姉妹や仲間と暮らす住まいを私が設計に関わった事例を中心に取り上げている。高齢になっても自分の力で暮らすための住まいを建てようという強い意志を持ったクライアントと出会い、一緒に仕事をすることができたことは何よりも幸運であったと、感謝の気持ちでいっぱいだ。

認知症高齢者のグループホーム「あおぞら」の四ヶ所守理事長と濱田秋子ホーム長、小規模多機能型居宅介護事業所「ふれんどりぃの郷」の筒井すみ子代表、そして「COCO湘南台」の西條節子代表には、いろいろとアドバイスをいただき、並々ならぬパワーと現場からの言葉を学ぶことができた。同時に建築の提案に対して実際の生活がどんどん展開していくことは、設計者として何よりも恵まれた環境にあったと感じている。

この本をまとめるにあたって、建築が完成してから何年にもわたり住まい手の生活や活動を撮影し続けてきた写真家の北田英治さん、「集まって住む終の住処」という企画を立て、住まいと街を見直す機会をつくり、住まいや街づくりへの焦点を的確に示し続けていただいたライフフィールド研究所の真鍋弘さんには、大変にお世話になった。本当にありがとうございました。

二〇〇九年　立春

齊藤祐子

百の知恵双書
020

集まって住む「終の住処」

自分の意思で暮らし続ける知恵と工夫

齊藤祐子

齊藤祐子◎さいとう・ゆうこ
一九五四年、埼玉県浦和（現さいたま市）生まれ
建築家。一級建築士事務所・有限会社ＳＩＴＥ主宰
早稲田大学芸術学校講師、武蔵野美術大学講師、神楽坂建築塾講師
一九七七年、早稲田大学理工学部建築学科卒業後、Ｕ研究室で吉阪隆正に師事
一九八九年、空間工房１０１を設立、二〇〇〇年、有限会社サイト・ＳＩＴＥに改組
住居を原点に設計活動を続けている。
主な仕事に、益子・土埃庵、荻窪・一二・五坪のＳＯＨＯ、浦和・ギャラリーのある二世帯住居、
東中野・パオコンパウンド、グループホーム「あおぞら」、東チベット高原の小学校など。
主な著作に『吉阪隆正の方法・浦邸一九五六』（住まいの図書館出版局）
『DISCONT・不連続統一体』（共同編集・丸善）、『吉阪隆正の迷宮』（編集構成・ＴＯＴＯ出版）
『日本人とすまい・住み心地はどうですか?』（共著・建築資料研究社）、『建築のしくみ』（ナツメ社）
『住宅建築　特集・場所をつくる住まい』二〇〇七年三月号（建築資料研究社）などがある。

2009年3月20日第1刷発行

著者　齊藤祐子
発行　社団法人農山漁村文化協会
〒107-8668　東京都港区赤坂7-6-1
電話　03-3585-1141
ファックス　03-3589-1387
振替　00120-3-144478
http://www.ruralnet.or.jp/

編集・制作　有限会社ライフフィールド研究所
印刷　株式会社東京印書館

ISBN 978-4-540-05005-3

◎本文中、＊印を付した写真は著者提供によるもの。
上記以外の写真撮影者はすべて北田英治。

カバーイラスト　山崎のぶこ
ブックデザイン　堀渕伸治◎ tee graphics

百の知恵双書

020

たあとる通信

「住まい」としてのグループホーム

濱田秋子（グループホーム「あおぞら」ホーム長）
齊藤祐子（建築家）

●――大きく変わった認知症への意識

齊藤　「あおぞら」の設計をスタートしたのは二〇〇〇年ですが、施設ではない「住まい」として高齢者の家をつくれないか、「住まい」としてのグループホームをつくろうとずいぶんみんなで考えました。当時はまだ認知症と呼ばれず、痴呆症といわれていた時代で、日本では認知症への理解が今と比べるとほとんどなかった時期です。ですから高齢者の環境について、今より選択肢が少なかった。老人ホームといわれている施設に行くか、精神病院に入るしかなかったですね。

濱田　そうでしたね。ほんとうの意味での認知症の方の生活とは何だろうと考えていったときに、それは普通の家庭での生活の延長上にあるのではないかということになった。ですから家庭とは何か、住まいとは何か、生活とは何かということを根本から考えることになりました。介護をすれば生活とは何かということをあらためて考えさせられる。認知症の人たちを介護すればするほど普段の生活のなかで私たちが何気なくやってきたこと、こんなに大変で大切なことを何気なく自然にやってこれた、そのことに気づかされます。逆に、今までできていた生活、普通の生活の一部分が抜けただけで、生活ができなくなっていくという認知症の病気特有の難しさ、厳しさを知ることになりました。

齊藤　濱田さんはグループホームができる前は、デイサービスの仕事をやっていたわけですね。デイサービスは家庭で生活しているお年寄りが週に何回か来られるわけですが、そのとき、すでに認知症の方の数は増えていたのですか？

濱田　認知症の方が増えてきていましたね。だからグループホームをつくることは行政としても急務だった。どうにかしないといけない問題になっていた。家族も認知症の老人がいることを近所に知られたくないのでデイサービスにあまり出したくない。認知症の方は家に閉じこめられている状態だったのです。

編集　それは、どのくらい前ですか？

濱田　それこそ一〇年ちょっと前です。

編集　最近になってずいぶん環境も認識も変わったわけですね。

濱田　はい。今はキーワードが「尊厳」と「地域」なんですよ。

齊藤　今は家族が認知症になっても、ひとつの病気として、どういうふうな治療をして、それでどうやって生活していこうかというふうに気持ちを切り替えられるようになりましたね。ここ一〇年で認知症に対する一般の意識もずいぶん変わりました。一〇年前に「あおぞら」の計画をスタートした当時は、まだ認知症は人格的に何かある部分が欠落するような、とてもマイナスなイメージがありました。

濱田　立派なお父さん、お母さんが家での生活をできなくなっていく。食事もとれなくなる。家族のこともわからなくなる。家族としては一緒にいることが、もういたたまれない。精神的に家族が病んでしまって、ギリギリでこちらに来られる。

●——不可欠な会話と刺激

齊藤　「あおぞら」をつくるときに、デイサービスに来ている方へヒアリングをしました。今はデイサービスに通っているけれども、そのなかからグループホームに入る方も出てくるだろうから、実際にこの地域のなかにどういうお年寄りがいるのかを知ろうと思ったわけです。

　そのヒアリングでわかったことは、この地域だと、地方からまず子どもだけが出てきて核家族で生活していて、両親はそのまま田舎で夫婦で暮らしていたのが、例えばご主人が亡くなったりして、ひとりで生活するのも難しくなって引き取られるというようなケースが多いわけです。もうひとつは、やはり核家族で生活していて、子どもが成人して家から出て行き、結局、最終的にはひとりの生活になってしまうようなケースですね。

濱田　ほんとうの意味で地域で支えられるような高齢者同士で声をかけられる関係ができていればいいのですが、老人は地方からの呼び寄せも多いので、周りに知りあいがいない。皆さん、ほとんど日中ひとりなんです。家族の方は昼間は仕事に出ていますから。だから、もうデイサービスしか行く場所がない。外に出たがる方にとっては、家にひとりで置いておけない。それで認知症の方たちは、ほとんど毎日のようにデイサービスを利用するようになるのですが、そうすると介護保険で支払っている料金ではすまなくなってしまいます。

齊藤　昔だと、縁側に座って、垣根の外から通っている人が声をかけて、それで半日過ぎたりしたのでしょうけれど。
濱田　そうですね。訪問者がいないことが問題なんですね。だから誰かが支えるということが生活のなかに必要になってきている。今、ヤクルトの方や新聞屋さんがということになり始めていますが、これも限界があります。お弁当屋さんも配食のときだけ行っても、認知症の方は自分で食べるまでの流れができなくなっているので、結局、お弁当を置かれてもどう食べていいかわからない。ふたを開けてもらって、お箸を準備してもらわないと食べられない人もいるわけです。そこまでしようとすると、今度は事業になってしまう。仕事としてのかかわりで、ゆとりがないなかで、会話があまりなくなってしまうわけです。

「あおぞら」の中庭で談笑する濱田秋子さん（左）と筆者

認知症の方に一番必要なことは、会話と刺激です。人との刺激がないと症状が進んでいく。ここに来られる前の皆さんは、そんな現実だったわけです。

●――生きがいを奪う過剰なケア

編集　「あおぞら」ができたのは何年前ですか?
濱田　二〇〇二年ですから七年前です。介護保険がスタートしてから一年後です。
齊藤　その頃から、いくつものグループホームが全国につくられ始めるわけですが、「あおぞら」のように開放的にお年寄りの生活が成り立っているグループホームは、残念ながら実は少ない。お年寄りを結局は閉じ込めてしまっていますね。
濱田　小さいがゆえに密室になってしまう。よく「ミニ特養」という呼ばれ方をされますが、九人のお年寄りに対して介護職員のみの関わりしかなくなってしまう。
齊藤　普通の高齢者の施設というと、介護をすることが目的になってしまっているわけですが、「あおぞら」でやっていることは、介護を超えて、認知症の方が何か新しい人生を生きるという、そういうことまでできる可能性があることを示しています。環境さえ整えば、実際に認知症になっても、とにかく活き活きと第三の人生をまだやれる、そういうこともまだまだ認識が広まっていません。そのことが大きいと思います。
濱田　お年寄りは、今まで自分がやってきたことを忘れているわけです。実はそのことを家族も知らない。本人の小さいとき、若い頃のことは家族もわからないわけです。本人がここでいろんなことを体験することで、自分の能力というか、以前やったことが蘇ってくる。ここでの生活のなかでそれがどんどん出てくるということは、自信と生活に生きがいが見出されてくるということで、活気が出てくる。ボーッとしている姿はそこにはない。何か目に輝きが出てきます。

閉じこもりがちなお年寄りが外に出ることは確かに大切ですが、意識して自分で出て行かない限り、無理やり出したって足が動かない。しゃべることも同じです。人の動きというのは、自分の意思以外に誰も動かせない。ただ仕向けることはできる。その仕向け方で、本人のやりがいに向けていかないとだめなんです。

サービスとしてすべてしてさし上げる、本人はなにもしなくていいというケアがあるわけですが、実はそうすることで、お年寄りができることをすべて奪ってしまう。できなくなって生きがいを奪ってしまうケア、今、それが疑問視されてきているわけですが、このグループホームをやり始めたなかで、こういうことなんだと、わかってきました。

齊藤　全部やってあげる施設ではなく、認知症の方が生活できる住まいをつくって、それをサポートしようというのが、このグループホームの一番最初のスタートですね。お掃除も自分でやれることはやってもらう。それをできるようにサポートするというのが、ひとつの転換のきっかけでしたね。

濱田　昔、一生懸命働いていた方にとって、全部やってくれるということはとても喜ばしいことのように思うじゃないですか。でも、考えてみたら、そうではない。生きるためには自分のことは自分でやらないといけない。あたりまえのことなんだけれど、それがあたりまえに出てこなかった。

●——待つことの大切さ

齊藤　家庭でも同じなんですね。私の家では母がいろんなことを全部やっているんですけれど、私の娘が中学生のときに「敬老の日」の作文を書いて、テレビで「おばあちゃんは座っていていいのよ」とかいうのは間違っている、いろんなことをやってもらうことが高齢者が元気になる秘訣です、と書いたことがある（笑）。

濱田　それ、最高！　そのとおりです。

齊藤　お祖父ちゃん、お祖母ちゃんに何かやってもらうと、孫も「ありがとう」っていうんです。やはり年取っている人にやってもらうと、感謝する気持ちが湧く。年寄りは「ありがとう」といわれると嬉しいから、また一生懸命やる。それでずっとお弁当をうちでは母がつくっている。それで、家にいる父親が洗濯物をたたんだりすると、すごく几帳面にやるから時間がかかるんです。もっとパパッと片づけられるのに、と母がイライラしています。

濱田　そうなんですよ。女性は大雑把なんですね。男性の場合はそれが仕事になる（笑）。

齊藤　「あおぞら」では今まで家でやらなかったようなことが実はしっかり役割としてできていて、それが男性の仕事になっていますね。ご家族は、そういうご主人とかお父さんを自分の家では見たことがないと思うんです。

濱田　認知症の介護は、特に待つという気持ちがないとできないんですよ。ちょっと待ってあげればできることも、待てなくて手を出してしまう。認知症のグループホームでさえも職員によっては待てなくて、とにかく先にやってしまう。させないようにしてしまうから、結局できなくなってしまう。

編集　この本でも、女の老後、男の老後の違いを齊藤さんは書いていますね。女の人のほうがしっかり考えていると。

濱田　そうですね。女の人のほうが準備ができていますね。男性の場合は、仕事オンリーの方たちというのは地域との関係をつくっていない。まじめなだけに他人の女性に声をかけることも躊躇してしまう。「あおぞら」でも女性はボンボン話しかけて男の人を刺激していますもの（笑）。だから、私、お年寄りのなかで女性と男性をある程度ミックスしないとだめだということを実感しますね。男性といると女性も活気が違います。

編集　グループホームは九人が単位になっていますが、なかなか他では経験できない生活スタイルですね。

濱田　長屋住まい的な感覚に近いのかもしれませんね。お風呂は一カ所で共同で使って、それぞれの私生活は個室で過ごす。「あおぞら」では、おトイレも個室にあります。本人たちも共同生活とプライベートルームを区別している。けれども個室でひとりで過ごすときもあります。そこで職員が「失礼します」といってサポートするわけです。

グループホームは本人が納得しなければいつでも出ていけるわけですよ。病院は治療だといわれると、そこに居ざるを得ない。

●——入居を選択するとき

齊藤　ただ、入居される方自身が自分の意志でグループホームを選択するということは、実際はないわけでしょう。

濱田　要は入るときに納得するか、もしくは入ってから納得するかの違いなんです。認知症のまだ軽い方たちは家族から説得されて、納得してこちらに入られる。

家族が面会に来てくれるということも納得して、ここの心地よさ、自分が失敗することが少なく、安全で、食事も食べられて、睡眠も確保できるという、この生活の豊かさが手に入ることで、自宅への望郷も少なくなっていくのかなという気がします。家族もいい顔で来られるようになります。お互いがいい顔で会える。入居されるときは、家族も入居される方も厳しい状況で来られますから。

齊藤　家族も本人もぎりぎりの状態で来られるわけですね。

濱田　ええ。選んで選んで、迷いに迷って、もうがまんできないと思って来るわけです。そのときに、本人たちは納得する、しないの葛藤があって入ってくるわけですが、一カ月で納得する人もいれば、一年、二年葛藤が続く方もいらっしゃいます。

齊藤　家族と同居していて、家での生活が難しくなってここに来られる方、ずっとひとり住まいでひとりで生活するのが難しくなって、こちらへ来られる方、あるいは施設や病院から移って来られる方もいらっしゃるわけですね。比率としてはどれくらいなんですか？

濱田　ほとんどが自宅から来られる方です。独居が一割かな。親を呼び寄せたが、結局家族と一緒に生活ができないで、そのままこちらにという方もあります。

齊藤　現実には、在宅の認知症の高齢者と、グループホームで受け入れられる数はどんどん離れていっているわけですね。

濱田　離れていきますね。もう在宅が七〇％ですから。

編集　その在宅七割の実際の生活は、先ほど濱田さんがおっしゃられたように、「家庭」ではないわけですね。

濱田　家庭ではないですよ。「生活」と呼べる生き方ができなくなっています。外出できない。薬を飲んで家のなかにいる。それこそ宅配の食事を食べて、また持って帰ってもらう。危なくなれば水道も火も止められてしまうわけです。

齊藤　家族と一緒に生活していても、昼間はほとんど若い人は外に出ているから、独居と一緒なんですね。

●——地域の拠り所をつくる

濱田　昔は地域の人たちとの交流があったため、見守られて出ていく場所があり、外出もできた。庭掃きとか草取りとか、畑仕事とか、外の仕事があったわけですが、今はすべては家のなかだけになってしまっている。

だから趣味活動のある人はまだ幸せなんです。趣味活動をしていて、何かおかしいということで初めて発見される方たちが実際いるんですね。今、認知症のサポーター養成講座で話しているのもそれなんです。一対一で、自分の本来の姿を知ってもらうようにと。それで、身なりや行動がおかしくなったら教えてね、という関係をつくっておく。出かけ先もつくって、笑える関係もつくって、それで刺激を受けて、それに異性もプラスされれば、また元気になりますよって。そういうことで地域を使っての支援づくりを今、私たちも始めているわけです。

齊藤　「あおぞら」が地域のなかの高齢者の支援活動のひとつの拠点になっているわけですね。

濱田　ええ、拠り所にしてほしいということを、町内会にも声をかけています。こちらの活動をぜひ利用してほしいということを提案しています。閉じこもりになりかかっている人をできるだけ外に連れ出したい。なってからでは遅いんですよ。そうすると病気がどんどん進んでいくんです。だから閉じこもる前に仲間と一緒に出かけることをする。行き場がないということではなく、行き場をつくるためにグループホームを使ってほしい。この中庭に休みに来てもいいし、お話をしに来てもいい。

齊藤　「あおぞら」は隣接して「ふよう病院」の院内保育所ができたので、中庭に子どもがけっこう出入りしてますね。また近所の保育園の子が遊びに来るようになっている。それと中庭の植物を手入れするボランティアさんもいる。いろんな人が出入りをしていることが、まずここの場所の安全や安心につながっていて、それがここで暮らす老人たちの元気の元になっていますね。

濱田　日本人はもともと内向きではなくて外を向いて生活していたような気がするんです。大家族で家にプライベートルームというものもなかったし、お家自体小さくてもどうってことなかった。人と関わって、近所付き合いがあって、初めてそれが生活となっていたと思います。

編集　縁側も庭もそうした生活のために必要だったわけですね。「あおぞら」の中庭を見ていると、そのことがよくわかります。長いことお話をありがとうございました。

（二〇〇八年十二月二五日、グループホーム「あおぞら」にて収録）

「百の知恵双書」全二〇巻案内

足もとから暮らしと環境を科学する
――「百の知恵双書」の発刊に際して

二一世紀を暮らす私たちの前には地球環境問題をはじめとして、
いくつもの大きな難問が立ちはだかっています。
今私たちに必要とされることは、受動的な消費生活を超えて、
「創る」「育てる」「考える」「養う」といった創造的な行為を
もう一度暮らしのなかに取り戻すための知恵です。
かつての「百姓」が百の知恵を必要としたように、
二一世紀を生きるための百の知恵が創造されなければなりません。
ポジティブに、好奇心を持って、
この世紀を生きるための知恵と勇気を紡ぎ出すこと。
それが「百の知恵双書」のテーマです。

棚田の謎――千枚田はどうしてできたのか　001
田村善次郎・TEM研究所

棚田は、この国に生きた日本人の生き方を象徴する風景である。山間と海辺の二つの対照的な千枚田を例に、どのようにして棚田がつくられ、またどのような暮らしが営まれてきたか、ビジュアルに再現する。第一回棚田学会賞受賞。

住宅は骨と皮とマシンからできている　002
野沢正光

地球環境時代の現代、住宅をつくるときに求められる条件とは何か。自邸の計画を深く掘り下げて見せることで、具体的に一般の読者に向けて書かれた住宅入門の書。

目からウロコの日常物観察――無用物から転用物まで　003
野外活動研究会

路上に転がるモノたちを観察すればするほど、不思議いっぱいの今の暮らしの有り様が見えてくる。モノ不足の苦しみから半世紀。あふれ続けるモノへの困惑のなか、野良化するモノたちが見せる道具の原点。

時を刻むかたち――樹木から集落まで　004
奥村昭雄

環境と時間の繰り返しから生まれるかたちは限りなく複雑で、かつ美しい。こうしたかたちは自然のリズムのなかでなぜつくられるのか。自然の力を建築に利用して快適さを追求してきた建築家が見た人と自然の博物誌。

参加するまちづくり――ワークショップがわかる本　005
伊藤雅春・大久手計画工房

「参加するまちづくり」とはまちのビジョンをそこで暮らす住民が共有し、地域のことは地域で決めるという自由で開かれたまちづくりのことである。地域の意志をつくり出していく「まちづくりワークショップ」の知恵と技を伝授する。

洋裁の時代――日本人の衣服革命　006
小泉和子

日本人の服装がほぼ完全に洋服に変わったのは昭和二〇年以降のこと。敗戦直後の困難な暮らしを生き抜くなかに、女性主導の衣服革命があった。この時代に女性たちはどのようにして洋服を自分のものにしていったのか。

樹から生まれる家具――人を支え、人が触れるかたち　007
奥村昭雄

人を支え、人が触れる家具は最も人間の近くにある道具である。自然の木の良さと美しさを最大限に引き出すために、無垢材による生地仕上げという困難な家具作りを四〇年にわたり続けてきた建築家の研鑽のすべてを明らかにする。

まちに森をつくって住む　008
甲斐徹郎+チームネット

これからの住まいづくりにおいて最も有効な方法は、地域の緑の価値を見直し、それを快適な「天然の空調装置」として住まいに活かすことである。「まちに森をつくって住む」ためのビジョンと実践例を示す。

昆虫―大きくなれない擬態者たち 009

大谷 剛

昆虫はなぜ大きくなれないのか。どうして六本足なのか。擬態が生まれる理由は何か。地球の生命進化とのかかわりの中で、しぶとく生き抜いてきた昆虫の運命を明らかにし、生態系を支える彼らの奇策の数々を愛情豊かに解剖する。

椅子づくり百年物語 010

宮本茂紀

床屋の椅子は、いつから座り心地がよくなったか。フランク・ロイド・ライトが自らデザインした椅子に込めたものは？ 椅子の試作開発に半世紀にわたり携わってきた著者が、職人ならではの経験と洞察力で語る椅子の技術史。

台所の一万年―食べる営みの歴史と未来 011

山口昌伴

台所からキッチンへの一〇〇年の歩みは「効率良く」「美しく」であって、決して「美味しく」「健康に」ではなかった。台所の一万年に蓄積された「食べる営みの知恵」を掘り起こし、二一世紀の日本のあるべき「美味しい台所革命」を提唱。

湖上の家、土中の家―世界の住まい環境を測る 012

益子義弘

地球上の各地域の多様な住居はその風土の特質のなかで、どのような居住の快適さを生む知恵や工夫をもっているのか。イラン、ペルー、スペイン、ベトナムの四つの地域の住居を調査したフィールドワークの書。

日本人の住まい―生きる場のかたちとその変遷 013

宮本常一

日本人の住まいのかたちは、日本各地の暮らし方や生産のあり方、家族のかたちの変遷とどのように結びついて形成されてきたのだろう。日本の民家を庶民の「生きる場」という視点からとらえた刺激的な民家論。

仕舞える住まいの収納学―ゴタゴタ病根本治療の処方箋 014

山口昌伴

モノ溢れ、片づけても片づけても片づかない今どきの住まい。日本の住まいはなぜ片づかないのか。仕舞える住まいを求めてモノ溢れの生活場面を透視し、その原因の相関を解剖したゴタゴタ病根本治療の処方箋。

家で病気を治した時代―昭和の家庭看護 015

小泉和子

家庭看護の発達した昭和戦前期。氷枕、氷嚢、体温計、吸入器、浣腸器は多くの家庭にあった。切り傷にドクダミ、腫れ物にツワブキ。民間療法の知識も豊富だった。病気も生も死も自分のこととして立ち向かった時代から学ぶものは何か。

「木組み」でつくる日本の家―むかしといまを未来につなぐ家づくり 016

松井郁夫

木と木を組んだ丈夫な架構の古民家。古民家に学んだ家づくりが、山と職人と住まい手をつなげ、荒れた日本の山々の再生につながる。これからの「日本の家」づくりのありかたを伝える実践の書。

「日本の住宅」という実験―風土をデザインした藤井厚二 017

小泉和子

既に一九二〇年代にエコロジカルな実験住宅を造り続けた建築家藤井厚二。日本の気候風土に適合した家とはどんな家か。椅子と畳の空間はどのように融合できるか。日本の自然素材をいかに住宅に活かすか。藤井の試行から学ぶものは何か。

窓を開けなくなった日本人―住まい方の変化六〇年 018

渡辺光雄

日本人はいつから夕涼みをしなくなったのか。なぜスリッパを多用するのか。日本人が戦後何気なく変えてきた住まいと生活のしかたをつぶさに検証し、自然を享受する新しい住まいと住生活のかたちを提案する。

パッシブハウスはゼロエネルギー住宅―竪穴住居に学ぶ住宅の未来 019

野沢正光

自然エネルギーを利用し、冬暖かく、夏涼しいパッシブハウス。竪穴住居がその原形であるのはなぜか。石油や電気に依存した二〇世紀の住宅の特徴はどこにあったのか。環境建築家が指し示す二一世紀の日本の住宅の姿。

集まって住む「終の住処」―自分の意思で暮らし続ける知恵と工夫 020

齊藤祐子

高齢になっても活き活きと暮らすために、住まいに求められるものは何か。最期まで納得した生き方をするためにほんとうに必要なものは何か。住まいを設計の原点に、高齢者住宅を手がけてきた建築家による渾身の住まい論。